大学时代

从朋友圈说起

王静 著

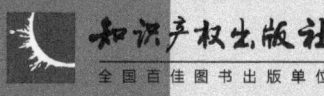

知识产权出版社

全国百佳图书出版单位

图书在版编目（CIP）数据

大学时代：从朋友圈说起/王静著. —北京：知识产权出版社，2019.6
ISBN 978 - 7 - 5130 - 6299 - 2

Ⅰ. ①大…　Ⅱ. ①王…　Ⅲ. ①大学生—学生生活②大学生—心理健康—健康教育　Ⅳ. ①G645. G444

中国版本图书馆 CIP 数据核字（2019）第 112649 号

责任编辑：荆成恭　　　　　　　　　责任校对：王　岩
封面设计：大名文化　　　　　　　　责任印制：孙婷婷

大学时代——从朋友圈说起

王静　著

出版发行：知识产权出版社 有限责任公司　　网　　址：http://www.ipph.cn
社　　址：北京市海淀区气象路 50 号院　　　邮　　编：100081
责编电话：010 - 82000860 转 8341　　　　责编邮箱：jcggxj219@163.com
发行电话：010 - 82000860 转 8101/8102　发行传真：010 - 82000893/82005070/82000270
印　　刷：北京虎彩文化传播有限公司　　　经　　销：各大网上书店、新华书店及相关专业书店
开　　本：720mm×1000mm　1/16　　　印　　张：14
版　　次：2019 年 6 月第 1 版　　　　　　印　　次：2019 年 6 月第 1 次印刷
字　　数：206 千字　　　　　　　　　　　定　　价：69.00 元
ISBN 978 -7 -5130 -6299 -2

序

　　王静老师十几年如一日从事大学生的教育管理工作，并且始终保持了对这一职业的热爱之心——这是做好任何工作的本初驱动力，也是能把职业做成事业的根本。她热爱教育，用真诚和耐心去了解学生，帮助学生成长，更重要的是，她也非常善于把成型的大学教育理论创造性地运用于实践当中，又往往能够取得新的收获和积累，最终反映在学生健康成长的过程之中。

　　本书就是她理论和实践相结合的成果，本书从关注自我发展的视角，讲述了作为一名大学生如何做好自我管理工作，如何在大学这段可以称之为黄金积累期的阶段通过有效的自我认识和自我管理获得自我成长；从与人相处的视角，分析了一个人如何和周围的人处理好各种关系，从而建立起属于自己的人际交往圈，优化自己的社会支持系统，让自我发展的过程中能够获得源源不断的外部支持力量；从年轻人最美的花季如何谈恋爱入手，引导他们建立适合自己发展、适合家庭需要、适合社会要求的恋爱观，理性地把握自己的爱情。

　　正所谓没有调查研究就没有发言权，没有正确的调查研究更没有发言权，作为北京师范大学的心理学博士，她懂得怎样把专业学习的势能转化为帮助学生成长的动能。王静老师通过微信朋友圈开展了她的调查研究。自从微信问世以来，互联网好像立刻深入到了人们的生活。大家在微信的朋友圈里发表看法、交流思想、介绍各种有意思的事物，相互的距离好像近了。还有各式各样的"群"，讨论群里共同关心的问题。大学生的微信就更热闹了。王静老师作为一个有心人，借助自己的专业优势，又紧密结合她的实际工作，从微信的朋友圈里，敏锐地观察到大学生成长中的烦恼、对未来事业的困惑、青春期的感情迷茫。通过大量的实例及实事求是地分析，启发大学生如何正确对待遇到的问题。这是我第一次看到从微信入手来深入研究青年学生问题的书籍。本书可读性强，接地气，切合大学生的实际情况。

在和王静老师一起工作的十余年里，我见证了她和同事一起，在大学生教育管理这个广阔的舞台上，牢记立德树人的初心和使命，用教育人的历史自觉和主动营造，用科学的理论指导实践，从需求出发，从服务入手，坚持用可能达到的更高标准要求自己的工作，坚持在准确性上重复、在生动性上实践，用自己艰苦奋斗的经历，不仅帮助了一批又一批学生的成长，实际上，也帮助发现了一个又一个更好的自己。所以，读王静老师的这本书，总体感觉是在分析学生的成长，又有时会感觉是在分析她自己或者是在分析我们的成长，正是这种分析的视角让全书读起来贴近大学生的生活及成长现实，相信读到本书的大学生一定可以找到自己的影子，并且能够在持续的改善心智的思考和持续的定向积累的努力过程中，发现和找到更好的自己。

北方工业大学党委副书记

田红芳

2019 年 6 月

自　序

信息社会，微信已然成为大学生学习、生活中不可缺少的部分，除却与亲密的人保持联系外，晒朋友圈无疑也是微信使用中的重要部分，开心时要晒，不开心时也要晒，上课晒老师，下课晒同学，回家晒家人，吃饭晒美食，读书晒感触……朋友圈让人更加体会到"天涯若比邻"的感觉。

作为老师，微信中总是不乏学生们发的各种朋友圈，他们的朋友圈内容或感慨学习的困乏无力，或抱怨生活的琐碎繁忙，或分享爱情的甜蜜苦闷……而这些内容或让人忍俊不禁，或让人会心一笑，或让人感同身受，或让人陷入沉思……这些都无疑是大多数大学生们正在面临的各种问题，因此作为心理老师的我，收集了一年以来学生们在朋友圈发布的部分内容。在此给大家具体谈谈它们背后的故事，并以此为引子梳理学生们在生活以及学习方面可能遇到的"疑难杂症"，并介绍几种具体解决办法，希望对大家有所帮助。

本书主要涉及四方面的内容，即"自我成长""行动力提升""与人相处""关于爱情"。

大学是一个人成长的重要过渡期，是从被细心保护到独自迎接风雨的重要阶段。无论是刚跨入大学的新生，抑或是习惯了大学生活的高年级同学们，在这个阶段都会有点儿不适应，会有点儿迷茫，或许在经历着身体与心理的双重折磨……但无论怎样，请明确自己的梦想并为之奋斗，在忙碌中实现自己的价值。因为只有坚持梦想的人才能在人生路上走得更远。在第 1 讲中我将具体讲述学生们该如何摆脱这种心理和生理上的双重困境，做一名合格的大学生。

大学生活看似繁杂无序，悠闲散漫，但是要把精力放在该做的事上。若是把大好时光沉迷于追剧、打游戏、看小说……无疑是坠入无底深渊。若是投身学习，那么无论是高效率的时间利用和不断充实的文化知识，还是受益终身的学习习惯都无疑将推动你走上人生高处。在此过程中我们或许会有许多障碍：可能会想享受安逸、一味懒惰，可能会自我怀疑甚至于对社会产生质疑等负面情绪。因此第2讲将具体介绍如何适应这种学习方式，反思自我，克服障碍，努力成就更好的自我，另外第2讲中我也会提到运动的问题。总之，青春正好，莫负韶华。

"没有人是一座孤岛，可以自全。"人际交往是大学生活中很重要的部分。对于大学新生来说，可能会因为初到异地而感到孤独乃至无所适从，也可能会因为彼此文化水平的不同而感到"高处不胜寒"，亦有可能因为思想价值观的不同而产生冲突，有时候即便是大二、大三的学生也不可避免产生这样的感受。总之大学生经常会因为各种原因而面临孤独的境况。面对这种情况，自我怀疑、自我否定显然会让自己陷入更加无助悲伤的情绪中无法自拔。因此我们应当积极反思，寻找解决问题的方法，尤其要注意不能坐以待毙。第3讲将介绍该如何看待这种情况，并帮助大学生们寻求排解孤独情绪的方法，以及如何应对来自各方各面的压力。当然，还有如何与他人正确的交往，尤其是对待与自己亲密的人，又当如何？

最后一讲自然就是关于爱情了。大学的爱情是朦胧而又美妙的。淡淡的情愫，脱离"柴米油盐酱醋茶"的无忧无虑……总是让爱情保留着最原始的美好。但由于阅历的缺乏，大学生的爱情，总是会遇见各种各样的麻烦，总是会显得青涩不成熟，在此过程中，双方将会共同成长。第4讲将就同学们最感兴趣的"如何挑选男女朋友？""如何判断双方是否合适？""如何进行关系的维护？"等话题进行具体讲述。

最后，愿大家"不乱于心，不困于情，不畏将来，不念过往"，活在当下，用热情与奋斗，点燃大学生活，为走向社会奠定坚实的基础。

王静

2019年1月

目　　录

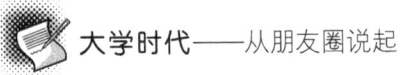

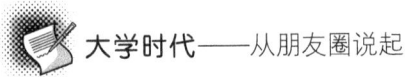

第1讲　自我成长

你的成长你做主

每个人从小到大，除了个子长高、身体长壮之外，更主要的是逐渐有了自己的意识、自己的想法，形成了对自己能力、素质、特点的认知，这个过程就是一个人自我成长的过程。

自我成长的过程融入人的一生，从出生开始到最后生命的结束，从未停止。和人的身体变化一样，自我成长也是年龄越小成长得越发明显。整个生命的历程中，有几个关键期，最早的一个阶段是 0~5 岁。心理学研究表明，孩子幼年期获得充分温暖的爱将给成年后的个体构筑一个安全的防护盾牌，帮助人们抵御逆境和风险。接下来，就是众所周知的青春叛逆期，这个时期孩子和家长发生的碰撞和冲突从根本上讲就是孩子个体自我成长，这也是自我成长最为剧烈的时期，有的个体青春期的成长成为该个体的人生拐点。再接下来呢，人生的每一次重大事件，譬如结婚、生子、失去至亲……都会成为人的自我成长的关键点。个体的自我成长，一生都在进行之中。

人一路走来，需要让自我不断地趋于稳定，并同时走向强大。只有一个不随便摇摆的自我，才能帮助你在人生道路上，不偏离方向，不迷失自我，知道来路，懂得去路。现在就跟着以下讲解，开始构筑强大、稳定自我的征途吧！

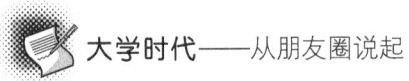

1.1 人最忠实的朋友就是"我"

这是 2010 级的学生发的微信，他写道："做自己生命的主角，而不是别人生命中的看客。"写这个朋友圈的时候他正在读研究生，相对于读本科的大学生来说，已经显得很成熟了。

这句话主要道出了人如何看待和认识自我。

1.1.1 三个"我"

先讲讲关于三个"我"的故事。自我研究是心理学研究领域的一个主要课题，不同的心理学家对"自我"的解读也不尽相同，这里要讲的是精神分析学派大师弗洛伊德的三个"我"的故事。他认为人体生理层面上的"我"在心理层面被分成了三个"我"。

第一个"我"是"本我"，这个"我"最接近生理本能的那部分，以快乐为主要推手推动本我行为，怎么开心怎么来是本我最大特点。受本我的"享乐原则"影响最大的是人的婴幼儿时期，也是本我表现最突出的时期。

第二个"我"是"超我"，这个"我"是个高尚的"我"。一般来说是社会文化、社会价值观的体现，反映出来的是一个人的高尚信仰和道德情操。"超我"有时也被称为"良心我"，是唤醒人内心的道德感，让我们积极向上、对他人和社会奉献的那部分"我"。

在"本我"和"超我"之间的就是第三个我——"自我"。"自我"调和了"本我"的任性妄为和"超我"的过于高尚所带来的束缚，展现给现实生活一个平衡之后的"平衡自我"，一个真实的符合社会需要的"我"。

我们用大学阶段经常出现的一个情景，来说说这三个"我"。冬天不想起床，闹钟响了依旧赖在温暖的被褥里，这就是"本我"在起作用；或许是想到自己的远大抱负还未实现，挣扎着掀开被子，产生这种想法就是"超我"在支配；或许看到舍友们开始了忙碌的一天，尽管不情愿，还是扭捏着离开了床铺，这就是"自我"——一个面对外界约束能够主动适应社会的那个"自我"。

1.1.2　看待和认识自我

每个"我"都是独一无二的，你需要的是接纳、全方位的接纳。无论你是哪种人，生活中会面临怎样的境遇和人，在很多时候都是无法主动选择的。人在从幼稚到成熟的道路上一直都需要不断地自我完善，但是在成长的过程中有个前提——无论自己是怎样的，首先都要好好接受本来的那个自己，然后开始面对自己，最后才是努力成长。全盘接纳的内容不仅包含接受自己的优点、长处，更主要的是接纳自己不那么完美的一面。有的人可能不满意自己在人前不会说话，有的人觉得自己不够聪明，有的人希望自己能够长得再高点，有的人不满意自己为什么不是官二代、富二代……可能世界上99%的人都会对自己有不满意的地方，当然这也有个前提，那1%的满意自己的人可能还没出生。总之要记住的就是一句话——"我"身上存在的一切都是要"我"接纳的。

接纳了自己之后，还需要的是接纳别人。正因为每个"我"都是独一无二的，才有了人与人之间的不同。即使有的"我"会与别人的"我"有

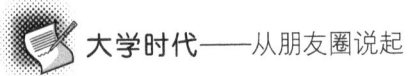

很多相似之处，但是有再多的相似之处始终是两个"我"，如同这个世界上找不到相同的两片树叶一样，也没有两个完全相同的"我"，更多的时候你会发现两个"我"的差异大于相同。所以对于别人与自己不相同的"我"也要学习接纳。要想接纳他人，需要认可一个观念：与"我"所想的不同的那个"我"的想法不一定是错的；"我"的想法是对的，别人的"我"的想法也不一定是错的，在对与错之间有的时候是无法选择答案的，所以必须接受与自己不同的观念和想法。当你能够做到"我"是对的，别人的"我"也没有错的时候，才能更好地掌控"我"。

除了接纳，对于"我"这个最忠实的朋友，还需要用客观的眼光进行评价。每个人都有优点，也存在缺点。"人贵有自知之明"，所谓的有自知之明，就是要正确评价自己。明白自己的优势，了解自己的不足。每个人都需要养成反思自己的习惯，你可以定期或者不定期地静下心来反思一下自己。古人云：吾日三省吾身。我们不一定需要一日反省三次，但笔者建议每个人至少一个月有一次或者在每一次重要事件之后，进行反思。思考一下自己哪里有优势，可以让自己做得更好、取得成功；有哪些缺点影响了自己做事的效果，自己得到的教训是什么。时常反省自己的优缺点，时常提醒自己长处在哪里，通过自己的长处让自己更强大，更要谨记自己的缺点有哪些，每每碰到事情的时候，一定要好好思量，在解决缺点有可能给自己带来伤害的事情上，自己不妨多想想，再多想想，尽量避免错误发生。

1.1.3 管理"我"的误区

对于"我"的认识，人们往往有一个误区，即自我服务偏差。更多时候人们认为自己是能干的，自己是对的，当碰到和自己不一样的想法时，第一反应会认为这个想法是错的。我们需要常常提醒自己，只有做到接纳自己和接纳他人，这种自我服务偏差才比较好解决。自我服务偏差还会在另外一种情况下出现，当我们做事不顺的时候，通常会认为问题在于外部环境。反过来如果自己成功了，就会归结为是自己的努力和能力所致。简单地说，自我服务偏差是一种人们从本能出发的心理现象，这种本能就是人们总是以"我是好的"为出发点。其实这恰恰是我们在接下来的微信语录中要告诉大家的"追求卓越是每个人的本能"。

在这里必须友情提醒一下："我"须时常提醒自己注意，不要被这种服务偏差所影响。

1.2　追求"卓越"是每个人的本能

这个男生在朋友圈中发出了对自己的鼓励——"我想变得优秀点，更优秀点，再优秀点……"

1.2.1　强者之心

在大学校园里随便找个同学问：来到大学想不想拿到毕业证？应该没有一个人的答案是否定的。其实每个人的内心深处都有一个想寻求被肯定、被认可的需求。每个人小时候都想成为一个很强大的人，这就是每个人追求"卓越"的本能。

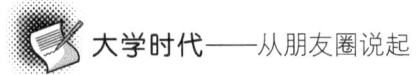

卓越的本义是"高超出众"，每个人幼时内心都曾种下一颗让自己高超出众的小种子。小时候，《铠甲勇士》告诉你，卓越是英雄们伸张正义的样子；《巴啦啦小魔仙》告诉你，卓越是善良的魔仙们惩奸除恶时的样子……这些都是人们内心那颗想高超出众的种子，是人们内心深处追求"卓越"的本能。随着我们慢慢长大，在寻求成功的道路上逐渐证明自己行或不行之后，这种追求卓越的本能或许会演变成追求卓越的行动，让个体越来越优秀；或许在被不断的失败所践踏后，逐渐把这颗种子掩埋在心中等待下次破土而出；又或许在被践踏之后永远埋葬它。在逐渐长大被社会化的过程中，每个人追求卓越的本能，发生了巨大的分化。这种卓越变成了在自我能力范围之内做好的本能。所以这里的本能，不仅仅是变得高超出众，更是每个人内心都有的那份想做好的本能。

很出众的人总是少数，永远埋葬追求卓越之心的人也不多见。大部分人在成长的过程中遇到了各种的可能，暂时掩埋了那颗种子，但是随时都有可能令其再次破土而出。人生道路上，就是要不断地唤醒我们那颗曾经想优秀的心，找到那颗待发芽的种子，并给予悉心的呵护并适当地松土、施肥、浇水，让其茁壮生长。

1.2.2　发现内隐自我

在追求卓越的过程中，要帮助自己找到那个自己不曾发现的积极向上的"我"，即发现内隐自我的力量。

每个人都有对自己的认识，如果让你来回答"我是什么样的人"，每个人都应该能够说出来不少。这些答案就是对显性自我的认识，通常说人要有自知之明，讲的就是对自己要了解。但是除了这个我们能察觉的自己以外，在成长道路上，我们也有意无意地在大脑深处对自己有一个说不清、道不明的认识，这就是内隐自我。这个看不见的自我常常会支配我们的行为，形成一些态度、观念，确立个体的信仰和价值观。所以每个人不仅仅要充分地认识自己、客观地评价自己，也要敢于直面自己的内心，去了解那个不愿意被他人所知的自我，真诚地面对自己，找到自己要去的方向。《礼记·大学》中有文"所谓诚其意者，毋自欺也。如恶恶臭，如好好色，此之谓自谦。故君子必慎其独也。"意思是"所谓使自己的意念诚实，就是不要欺骗自己，就如同厌恶污秽的气味那样，就如同喜爱美丽的女子那样，这就叫作让自己对自己满意。所以君子为了让自己对自己满意就一定会独自面对自己的内心。"每个人都要从内隐自我出发，去认识自己、发现自己。

每个人内心都向往优秀，这也是内隐自我的一部分。同时有的人的内隐自我认为自己有无限发展的可能，有的人的内隐自我认为自己没有无限发展的可能，内隐自我的差异从何而来？这要从动机说起。动机是什么？动机就是我们行为的借口。人做事、说话都是有理由的，所以我们每个人做事情都需要找到一个借口。

要想找到一个积极向上的自我，充分让追求优秀的那个"我"付诸行动，就要真实面对自己的动机，要了解自己为什么会这么想，要敢于深刻剖析自己。这种剖析，需要先了解两种人的心理现象。

1.2.3　两种心理现象

一是自我妨碍。人们或许有此种经历：越是重要的考试来临，内心越是浮躁，于是索性放弃复习，开始做与复习相反的事（逛街、玩游戏、追剧等）。难道是不想考出好成绩了，不是，但是为什么不学了呢？这是因为知道自己学也学不好了，索性就给自己设置一些障碍，支配这个行为的原因就是自我妨碍。所谓自我妨碍就是在表现情境中，个体为了回避或降低因不佳表现所带来的负面影响而采取的任何能够增加将失败原因外化的机会的行动和选择。自我妨碍行为的结果是怎样的呢，就是考试结果即使不好，也有借口去解释。其实这恰恰说明了人都有追求优秀的本能，所以才要努力找个借口让自己表面上看来不是因为自己不行才有不好的结果。

二是习得性无助。有一种人虽然内心很想追求优秀，可是在行为上却看不到半点影子。比如有的大学生天天沉迷于游戏，不上课，不写作业。他们并不是不想好好学习，这其中有一个原因可能是这些同学历经了习得无助的过程。所谓的习得性无助是美国心理学家塞利格曼于 1967 年在研究动物时提出的，指因为重复的失败或惩罚而造成的听任摆布的行为，其实是学习之后因为挫败感形成的一种对现实的无望和无可奈何的行为、心理状态。俗语"破罐子破摔"描述的就是这种现象。通常我们觉得自己缺乏自我控制感、胜任感，感觉自己不行的时候，就会掩藏起内心那个积极向上、向好的心，而换成一副消极、怠工、放纵的状态。我们想想身边的大学生哪个进校门之时不是踌躇满志，为追求梦想而来的。但是可能是一时的放松导致了掉队，或是在高手云集的人群中迷失了自己，抑或是追求梦想的道路太过艰险，最终在习得性无助面前缴械投降，从而变成了游戏的好伙伴，成了堕落的天使。

这些消极的自我保护手段，会导致大好时光的浪费、大好机会的错失等种种后果。但如何让自己尽可能避免呢，良好的自我管理就显得非常重要了。

1.2.4　高效的自我管理

很多心理学研究都充分证明，促进个人控制的系统管理，可以大大增强个体的健康和幸福。所以我们每个人都要学会良好的自我管理和自我监控。

自我控制可以从两方面入手：一方面从环境建设上，增强自我控制感。学校的校园文化氛围尽量强化学生的责任感和归属感；另一方面从个体自身来讲，也有一些方法增强自我控制感。增强自我控制感的核心就是增强自我的成功体验，用结果证明自己行，自己可以胜任。这个过程首先需要正确认识自我。对自我的认识前文已经讲过，这里还要延续这个话题，继续说一下通过木桶理论（短板效应）和长板原理（斜木桶理论），正确对已经存在的那个自我进行管理。所谓木桶理论由劳伦斯·彼得（Laurence J. Peter）提出，是指一只木桶想盛满水，必须每块木板都一样平齐且无破损，如果这只木桶的木板中有一块不齐或者某块木板下面有破洞，这只木桶就无法盛满水。一只木桶能盛多少水，并不取决于最长的那块木板，而是取决于最短的那块木板，即短板效应。所谓长板原理就是把木桶倾斜，你会发现能装多少水决定于你的长板（核心竞争力），而当你有了一块长板，围绕这块长板展开布局，就会为你赚到利润。如果你同时拥有系统化的思考，你就可以用合作、购买的方式，补足你其他的短板。

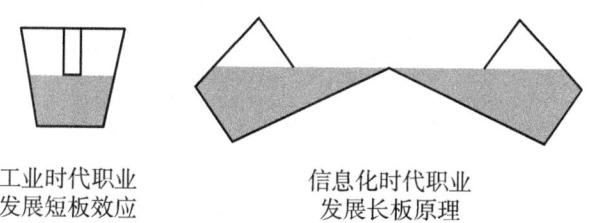

工业时代职业　　　　　　　信息化时代职业
发展短板效应　　　　　　　发展长板原理

　　短板效应说明劣势影响了自我的发展，长板原理说明优势决定了自我发展的最大可能。最好的自我管理，是在取长补短的基础上让自己的长板做到最长。我们首先要让自己的各个方面达到一个基本的入门槛级别，然后应该尽量把时间花在自己最擅长的方面，让自己的优势能力不断增强，从而为自己赢得更多的优势。所以良好的自我管理是不为自己短板叹息，而是努力地去让自己的长板更长。扔掉自我妨碍，认真厘清自己的优势和长处，努力增强自己的优势。至于短板，只要不是致命的短，就可以束之高阁。

　　如何扔掉"我不行"的无助感呢？创设条件，经常性地让自己处在获得成就感的体验当中。一个有效的办法就是，将目标和追求小步调化，从一小步开始。心理学研究表明，行动本身就可以成为一个小的成功体验，因此当你有无助感的时候，勇敢地走出第一步，不要陷入害怕的情绪中不敢行动，这已经是很成功的一件事了。

1.3　你的成就感，来源于忙碌

　　这是一位学生会主席、一个漂亮的高个子女生在进入大四之后的第二

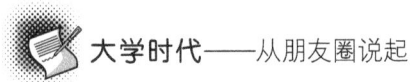

周发的朋友圈，她说："在过去的最繁忙的一年里连过两次六级，还提升了绩点。"

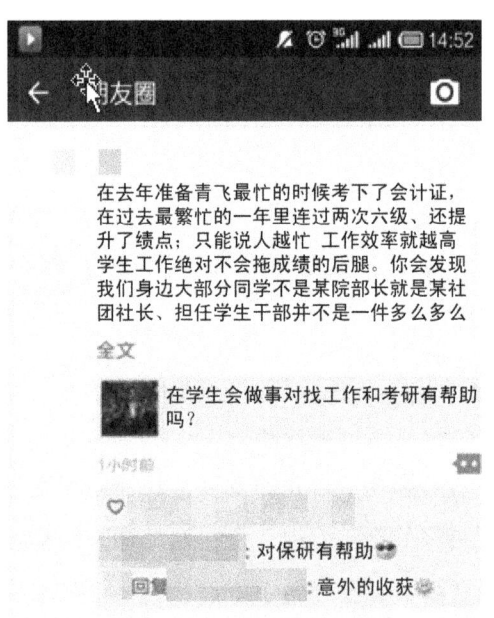

在去年准备青飞最忙的时候考下了会计证，在过去最繁忙的一年里连过两次六级、还提升了绩点；只能说人越忙 工作效率就越高 学生工作绝对不会拖成绩的后腿。你会发现我们身边大部分同学不是某院部长就是某社团社长、担任学生干部并不是一件多么多么
全文

在学生会做事对找工作和考研有帮助吗？

对保研有帮助
意外的收获

作为学生会主席怎么会不忙碌呢？微信广为流传的一个帖子，名为《在大学，有一种心酸叫作学生干部!》这篇帖子用第三人称的形式，描述了一群学习时间被挤压、睡眠时间被剥夺、玩耍时间被占领的学生干部在学生会中的生活，他们从干事到部长，再到学生会主席，一路相当充实。他们是活跃在大学校园的一群中坚力量，他们是老师的得力干将，他们是消息的传递者，他们是学生的代言人，有的时候他们也是同学们的出气筒，总之学生干部是忙碌的。但是你可能也会发现，大部分学生干部学习还不错、各方面能力也不弱。为什么时间被挤压、忙碌到没有太多时间顾及学习的他们仍能保持优秀，甚至可能比那些有很多时间学习的人还优秀呢，是因为他们智商高人一等吗？

1.3.1　越忙碌越优秀

为什么越忙碌越优秀？

　　首先我们先来说说人怎样才可以优秀。优秀就是取得了好的成就，取得了好的结果，从一定意义上说，优秀就是成功。说起成功，大家应该不陌生一个公式：成功等于 99% 的汗水加上 1% 的灵感，这个公式告诉我们用 99% 的汗水去浇灌是成功的前提条件，而所谓灵感代表的那部分智商或者机遇是可遇不可求的。所以人想优秀必须付出汗水、时间和精力。当你忙碌的时候，就是在积累那 99% 的汗水，这样才有可能为成功打下基础。

　　再来说说智商的问题，难道比你优秀的人一定比你聪明吗？答案是否定的。因为人们的智商符合正态分布的规律，简单说就是 95% 的人的智商都没有本质差异，仅有 5% 的人的智商分布在了两个极端（2.5% 的人很聪明站在顶端，2.5% 的人智商有些障碍），而我们大部分人都在中间段。能考上大学，至少说明你的智商在中间段，甚至是中间段靠前一些的地方，因此智商就不是拉开大家距离的决定因素了。也就是 1% 的灵感那部分你已经基本占有，差异的就是那 99% 的汗水。

　　要将付出的汗水积累至 99% 的机会有很多很多，这些机会会让你一点点变得优秀。忙碌是一种压力感，压力感让人更愿意行动，所以适当的忙碌会让人更优秀。忙碌中如果会调试，就会在每一个忙碌结束之时获得一点小的成就感，一个个小的成就感的积累，会增强人对自己的控制感，会促使人更加努力。

1.3.2　忙碌中的收获

　　作为大学生，忙碌中学习到的东西远远大于单纯学习本身学到的知识。最值得一提的就是会得到很多能力的提升，有的是你能感知的，有的可能是你无法言喻的。做学生组织的小干事的时候，你会发现你随时都可能会被指派干这干那，你的每一个想法都会在部长那里被摧残得七零八落，这个时候你学会的忍耐、包容和付出，是一个人成长道路上最重要的一些品质。当你慢慢做部长了，在繁复问题面前锻炼的是处理问题的能力；让手下的干事愿意干活、帮老师解忧时，是锻炼你协调各方力量的能力；辛苦之后得到的结果有时候不尽如人意，还要使你受委屈甚至挨批评

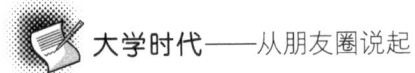

时，是提升承受挫折的能力；人与人之间的不理解和时间倒逼时，是修炼应对压力的能力；在诸多说不清理还乱的困难、烦扰随风而去的时候，你的能力已经提升了，这就是优秀。因此忙碌可以让人优秀。

人生不能颓废。大学时代，你选择颓废就相当于选择了自我放弃，你选择了忙碌才会接近成功。

关于学生干部这个青年领袖群体，还想多谈一些。青年是国家的未来。这句话在成长的不同阶段肯定是有机会听到过的，那你有没有认真想过为什么这么说呢？笔者20岁的时候确实没有想过，但是今天笔者相信这句话了。因为20岁的青年到了40岁会成为国家建设的中坚力量，到了60岁的时候有一部分还会成为社会各界的顶尖成功人士，这不是未来是什么呢？所以今天的青年为了国家的明天一定要好好努力，每个人都要把梦想和情怀深植于内心，每个人的内心都要有想追求卓越的本能自我，而且还要敢于去面对这份责任。

1.3.3　忙碌请从今日始

只要你想做，任何时候开始都不晚，从今天开始你也可以有个青年领袖的梦想。青年领袖的核心素质是什么？我想可以从品德和品质两方面来说。品德是指人的道德素质的核心，与性格及人格相近，却又不完全相同，它更多指向正面的人格。青年领袖首先是品德高尚的人。他们应该与人为善、为人宽容、懂得奉献、愿意付出。人的品质是指人的行为和作风所显示的思想、品性、认识等实质，包括文化、情感、意志、兴趣、能力、性格、健康等。

曾经有一个班，全班27名同学在全国大学生英语四级考试中，都一次性通过了考试。学校召开座谈会的时候，发现这个班的班长非常有魅力，在同学们回答"班级最信赖的人"的问题时，26名同学都写下了班长的名字，足以看出这个班长在同学们中的威信。虽然都上大三了，但是班长组织班会时，还是100%的出勤率。这个班长是一个憨厚的河南小伙，用朴素的一句话道出了威信的源泉，他说："多干活呗，我又不会玩游戏⋯⋯"

我想他表达的就是懂得奉献、愿意付出这些看似简单而又重要的品德。

从品质上讲一个人应该拥有一些良好的素质，比如坚持、独立、坚韧、踏实。曾经有研究者对获得成功的人进行访谈，最终发现成功的人身上有一些品质是相同的。这些品质就包含了上面所说的几个方面。在这里主要谈谈独立。

忙碌和独立是什么关系？一个人忙碌起来要做的是什么？忙碌就是找到一件件事情、解决一个个问题，让自己不断地收获、不断地积累、不断地成长。在此过程中，时刻不能忘记独立性的培养。有些同学如果别人不告诉他做什么，就不知道做什么。这样的人缺乏的是独立能力，即独立寻找目标、方向的能力。有些同学碰到问题了，首先就怕了，希望能有人来帮他解决，如果找不到人就放弃了。这些人缺的也是独立能力，即独立解决问题、向前奔跑的能力。一个总是依赖别人的人，不会真正忙碌起来；一个依赖别人的帮助解决问题，而放弃提升自己面对问题、解决问题能力的人，永远不能真正优秀起来。只有真正独立的人才懂得如何让自己忙碌，如何让自己慢慢变得优秀。所有能忙碌、会忙碌的人，本身就是独立的人，当忙碌起来的时候，就会慢慢走向优秀。

当然，无论有怎样的品德或是品质，一个人不可能永远正能量满满，也会有累的时候、想放弃的时候，这个时候需要的就是另外一个核心力量：一颗永远保持向上的心。身体可以累，念头可以停，但是那个永远跳动的心要始终向上。

1.4 忙碌中找到自己

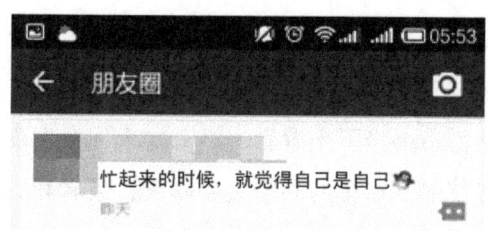

"忙起来的时候，就觉得自己是自己。"这句话出自一位大一新生，我看到这句话的时候，感触特别深，这学生小小年纪说的话真是有些深度。而且她的这句话恰恰证明了本书在 1.3.1 中提到的"忙碌让自己更加优秀"的观点。因为忙碌是一种压力，你在学习应对压力的过程中锻炼了能力、提升了自我。我想这个学生说的"觉得自己是自己了"，就是在忙碌中找到了成就感，找到了曾经很奋斗的自己，找到了现在很上进的自己。

1.4.1　大学生在忙什么

很多大一新生，或者已经上大二、大三的学长、学姐，甚至到了大四，都会觉得很迷茫，不知道自己能干什么。这个就是与"在忙碌中找到自己"相对的那个面，大家迷失了、迷茫了，找不到自己了。找不到的可能是自己的目标、方向、定位，也可能是自己的价值观、追求或者梦想。所以很多人得了拖延症，得了迷茫症，整日打游戏、逛淘宝、追剧、听歌，甚至无所事事，就是不行动起来，最后越来越不想积极主动地行动起来。想解决这个问题，其实要做的就是让自己忙碌起来，走出已经习惯的环境，找点事情做，让自己行动起来，用身体的行动带动可能有些迷茫的大脑。在行动的路上，你慢慢就会找到曾经的自己，找到"觉得自己是自己"的那种感觉。

1.4.2　让行动占据你的时间

让行动占据你的时间，从而让自己忙碌起来的方法很多。

首先，需要你主动寻求改变。改变你惯常的生活模式、生活习惯。可以从关掉电脑、扔掉手机做起，去体会一下自己已经习以为常的生活之外的其他可能。可以从一点点的小改变做起，比如今天你不待在宿舍了，关掉电脑、背着书包去自习教室看会儿书，每天让自己多学一点，慢慢积累，或者去图书馆借本书坐下来看看，终有一天你会发现书中自有黄金屋的真理；你还可以找隔壁宿舍的同学去聊聊天，或者相约出去走走；你也可以吆喝几个朋友一起去运动场上挥洒汗水。

其次，你可以主动寻求成长的机会。大学是一个相对宽松、自由的环境，大学四年是人生的黄金积累期，如果荒废掉就可惜了，如果拿去积累自我，哪怕每天只为此付出 1 小时，四年下来就是 1460 小时积累期，即使每天半小时，你都会有 730 小时的积累期。"一万小时定律"告诉我们要成为某个领域的专家，10000 小时是必要条件。写出《明朝那些事儿》的作者当年明月，5 岁时开始看历史，《上下五千年》他 11 岁之前读了 7 遍，11 岁后开始看《二十四史》《资治通鉴》，然后是《明实录》《清实录》《明史纪事本末》《明通鉴》《明汇典》和《纲目三编》。他陆陆续续看了 15 年，大概总共看了 6000 多万字的史料，每天都要学习 2 小时。把这几个时间数字相乘，15 年乘 2 小时再乘以 365 天，等于 10950 个小时。所以在海关工作的他，白天当公务员，晚上化身网络作家，在电脑前码字。从台湾《超级星光大道》走出来的萧敬腾，15 岁时学习爵士鼓，18 岁时开始在酒吧、餐厅驻唱，每天要唱很长时间，跟好几个场子，时间最长的时候，一天超过 12 个小时。知名武侠作家沧月，5 岁以后开始博览群书，10 岁左右练习写武侠小说，读本科和研究生的 7 年半时间，更是每天花上六七个小时来写小说。单是大学期间练习写作的时间，就远远超过 10000 小时。在练习写作的这些年中，她始终保持着旺盛的精力和浓厚的兴趣，从不会觉得乏味。股神巴菲特、微软创办人比尔·盖茨、苹果公司联合创始人乔布斯，在他们各自的专业领域，投入都超过 10000 小时以上，他们专注地阅读、思考、研究、实践，才有今日的成就。大学四年每天的 1 小时就可以积累 1000 小时以上，成为一个专家如果需要走 10 步，你已经走完了第一步。想想看，大学四年的每天 1 小时就可以积累这么多，你是不是应该积极行动起来，不荒废大学时光，让自己忙碌起来，开始积累一个一个的 1 小时呢！

让自己忙碌起来的方式很多，读书、学习可以让自己忙碌起来；加入学校的社团、学生会、班委会可以让自己忙碌起来；社会的兼职、实习、志愿者、公益活动可以让自己忙碌起来……太多可以让你忙碌起来的事情在等着你。

1.4.3 时间规划金字塔

笔者曾经针对进入大学校园一个月左右的新生做过一个调查，了解他们来到大学校园后碰到的困惑。其中很多人都困惑于"觉得大学好忙，不知道如何规划自己的时间。"这说明很多大学生都在和高中不同的大学学习生活中乱了阵脚，不知道如何安排自己的时间。大学的时间该如何安排，这里有个时间规划金字塔，供大家参考。

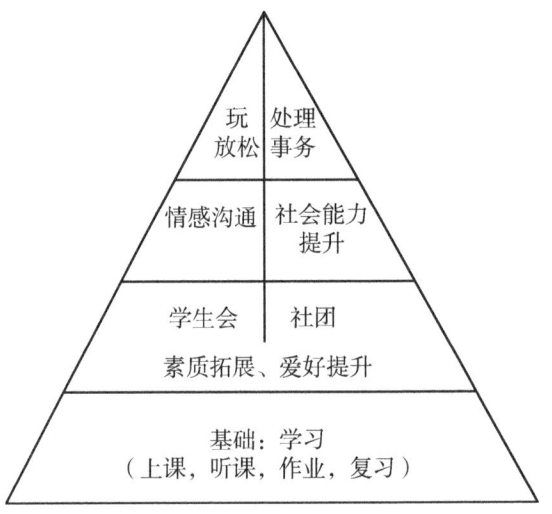

大学的时间规划仍然是学习为主，因为身为学生，学习乃是本职工作，因此大学的黄金积累期首先应该注重的是学习了多少知识，同时通过知识的学习，提升自己的素质和能力。这也是很多毕业后的大学生回想大学生活时最深有感触的一点，从大学学到的知识也许是没用的，但是上大学时养成的自学能力却是终身受用的。

除了学习，要安排提升素质和能力的时间。可以通过参加学生会做学生干部提升能力、可以参加社团拓展视野，也可以走向社会去实习、做公益活动提升个人的素质。这个层面上积累的能力是跨越知识的通用能力，将在未来职场的拼搏中一生受用。

你的时间安排，还要给情感沟通和社会能力提升留有空间。你要交朋友、谈恋爱，去社会上见识社会大观。当然在这个层面有些人最开始并没有施展的地方，那么就可以拿这部分时间来读书。当你孤独寂寞不知道如何打发时间的时候，就去书中找找黄金屋。

最后，你的时间安排金字塔中一定要留有一个时间段来玩和放松。一个人会玩才会学习，会充电才能在放电的时候发挥最大效用，懂得张弛有度才能让人生这根弹簧永远保持一定的弹性。所以在大学四年一定要留一定的时间玩，可以玩游戏、看电视；也可以去学习一种技能，使自己多个特长；还可以通过旅游用脚丈量世界；等等。总之，让自己有适度的放松时间。

1.5 你驻足大学的理由

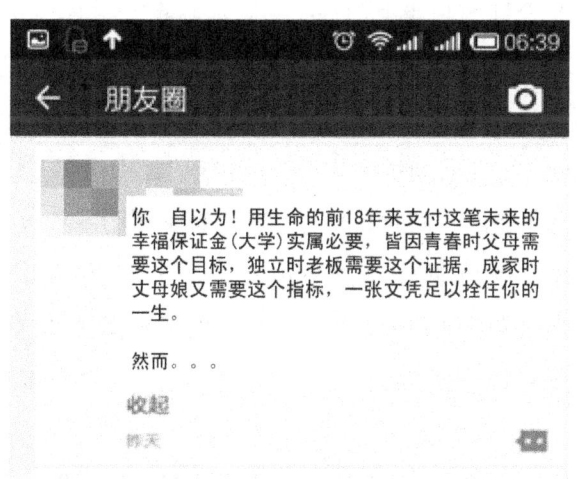

这是一名工科专业的男生在大学二年级时写下的一段话，他在思考上大学是为了什么。他用反问的语气列举了当下比较流行的几种为什么上大学观点：为了父母的期望，为了就业的敲门砖，为了找另一半的指标。这些观点都极具代表性，在实用主义观点的驱使下，这些理由都是无可厚非的，要不然大学就没有办的必要了。但是这些还不能完全代表上大学的意义，所以最后这名同学用"然而"做了结尾。

1.5.1　大学的学习本质

笔者权且帮他把"然而"延续完整，来解读一下为什么要上大学。或许你们曾经带着昂扬斗志进入大学，却发现现实的大学与当初所想截然不同；或许你们那时抱着一丝侥幸进入大学，却发现原来大学如此美好；或许在中学时代你那么优秀，本可以迈进等级更高的学府，却不幸陷入这个"泥潭"。无论你是爱这所大学、恨这所大学，还是无爱无恨，已然是大学生的你们无论身处哪所大学都必须接受这个现实。要做的不是怀念过去或是埋怨当下，而是认真思考你来到大学可以做什么。回答为什么上大学，或者在大学可以做什么，其实就是要想清楚大学究竟是什么，大学能给你什么。

学习的本质是提高"心之力"的活动，"心之力"包括求知欲、追求卓越和找到自我发展的超我那部分——"良心我"。知识变成智慧就是力量，"知"和"智"两字仅差一个"日"字，包含之意却相差甚远，只有每日坚持不断地学习知识，最后才能将知识变成智慧，所以教育的作用就在于坚持日日学，让每日渐进的知识变成智慧。大学是一个人接受知识并变得智慧的教育的延续，同时又是与基础教育不同的一种教育模式。在大学里知识学习已不仅仅局限于对书本内容的学习，还包括对专业知识的系统了解，以及通过专业知识的系统学习形成的思维模式，透过自我管理的学习方式形成的自我学习、自我监控的行动模式，这些是推动一个人形成大智慧的综合素质。

大学四年，这段日子说长也不长。在大一的时候一般人都会觉得四年的时间很漫长，有足够的时间，所以容易任意挥霍。但是很快你就会发现到了大二，过了大三，就必须面对大四了。朱自清先生早就在《匆匆》一文中感叹过："洗手的时候，日子从水盆里过去；吃饭的时候，日子从饭碗里过去；默默时，便从凝然的双眼前过去。"时间就是金钱，老祖宗经过几千年大浪淘沙留下的警句大多没有错，所以如金钱般珍贵的时间，我们实在应该珍惜。

四年的日子你要时常认真审视下自己，要想想自己还是当初那个为大学梦想披荆斩棘的奋斗者吗？只有敢于面对自己的你，敢于面对成功渴望的你，才能激发自己无限的潜能，实现阶段性目标，为未来做好规划和准备。

1.5.2　过来人的声音

大学不应该虚度。

总有学长走过后，慨叹当初自己付出不够多，让我们来听听他们的声音：

学长1：

我是2011年8月底开始大学生活的，刚入学的一段时间还是感觉比较紧张的，因为所有的人和事都是全新的，老师、同学、舍友、课堂和平时的活动等都是新的。

经过了一段时间我开始慢慢适应了，开始融入大学的生活。怎么说呢，我的大学生活还是比较封闭的，因为我和我的舍友干什么都是组团，所以很少单独地活动。仅有的也就是平时看看汽车，偶尔有几节选修课不同而已，所以接触的人和新鲜事物不是很多。

我于2015年7月毕业，结束了大学生活。这四年的大学生活感觉就是晕晕乎乎过来的，学习也没好好学，其他方面发展的也不是很多，不过有几个兴趣爱好倒是培养起来了，首先对汽车的了解更多了，对电子类产品更加感兴趣了，对拍照摄影也更加痴迷。但是还是挺后悔没好好学习的。

同时2015年7月我开始了新的工作生活，这也是全新的生活。我进入的是航天九院无人机所，对于我来说是一个从来没有接触过甚至都没想过的一个工作。我的单位是一个国家保密单位，过多的也不能说。感觉工作、生活十分不适应，可能是大学生活太过轻松自在了，进入这样一个比较辛苦又几乎完全没有了解的行业，才上班就有了辞职的念头，后来经父母的劝阻，慢慢也就适应了。

上班和上学相同也不同，相同的是感觉身边的人都差不太多，可能也是因为我的同事几乎全是大学刚毕业的学生。不同的是上学可以马马虎虎，工作之后可就不行了，必须认真，一些小事不注意可能会酿成大错误。上班也不能随随便便，限制会更多一点。

我给学弟学妹的一些建议就是大学时间还是很充裕的，能多学点就多学点，能多培养点兴趣就多培养点兴趣，或许学识和你的兴趣在工作中同样的重要。

学长2：

我是2009级计算机系的，从我自身的经历和我自己的观点角度来阐述，如有雷同，纯属巧合。

我的大学生活还是比较充实的，收获很多荣誉，也经历了一些挫折，有得有失，总的来说得多于失。毕业以后我先后做过开发、实施，现在的工作是售前兼销售。

刚刚走进大学校园的同学，应该对自己的大学生活有一些比较清晰的规划（或者叫理想），我刚上大学有三个目标：找一个女朋友、当班长、把学习搞好，看着很实在吧。有了目标以后，剩下的就是不折不扣地去执行了。付出是一定会有回报的，随着年龄及阅历的增长，目标可以随时更新与调整，但总的来说要向前，不能向后。

对自己性格优缺点及自己想要成为什么样的人要有个基本的认识。要有克服自身弱点的勇气，比如我自己性格比较内向，以前和女生说话脸都红，我想改变我自己，我想做一个外向、开朗的男生，我去参加各个社团的招聘，在面试中克服紧张心理进行自我介绍，性格完全改变不可能，但是改善是有可能的，我的性格慢慢地变得外向了，愿意、善于与人沟通交流了。大学是个小型的社会，在社会中生存，需要我们对自己想要成为什么样的人有个基本认识，人品很重要，诚实、正直、善良这些我们耳熟能详的词，在生活中能真正做到是有一定难度的。上善若水，厚德载物。

所谓"修身，齐家，治国，平天下"，修身是第一位的。除了自身性格素养外，提高自己的各项技能也是很重要的。书本上的理论知识要有自己的见解，更要与实际结合。着重锻炼自己的学习能力，这在今后的工作和生活中是很关键的。不要吝惜你的时间，多去去图书馆、体育馆等，充实大脑的同时也锻炼一个健硕的身体，因为社会并不会留给你像大学阶段一样充裕的时间，我大学的一个遗憾就是读书太少了。

在大学中，一定要培养自己的情商。一个人的成功，情商往往要比智商更重要，这在我的工作生活中已深有体会。比如公司领导或商务谈判交流中，沟通力、协调力、控制力、洞察力、识别力等能力的高低，就会直接影响到公司的发展和谈判目的能否顺利达成，亲和力更是会直接影响到同事关系。

1.6　坚持梦想之旅

马云曾经说过："你穷，是因为你没有野心。"这句话是他在创业初期对自己的激励，也是对整个团队的激励。这里的"野心"，一定程度上就是笔者今天要谈的"梦想"。梦想是什么，百度百科会告诉我们：梦想，是对未来的一种期望，指在现实想未来的事或是可以达到但必须努力才可以达到的境况。梦想就是一种让你感到坚持就是幸福的东西。甚至可以视

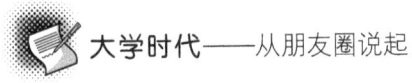

为一种信仰。

1.6.1 梦想能做什么

梦想应该是能够支持你一直向前走的那股力量。人生的各个阶段都有不同的梦想。小的时候会天真地大声说出来；慢慢长大了，就不愿意说出来了；在成年后，会逃避面对梦想；随着慢慢老去，又会觉得自己没有资格去谈梦想。对于现在的大学生，正处在不愿意说出自己的梦想和逃避面对自己梦想的矛盾纠结期。每个大学生都有梦想，有的人梦想也许高大上一些，有的人梦想也许世俗一些，但是每个人都有，这是因为追求"卓越"是每个人的本能，所以梦想就支撑起这个追求卓越的本能。

可是大学生们在这个阶段最大的问题往往是不敢直面自己的梦想，逃避那份追求。也许是十多年的寒窗苦学太累了，也许是十多年的寒窗苦学消磨了那份追求梦想的主动之心，总之到了大学总有一部分人变得逃避梦想，不愿意去面对了。

正如本书1.5.1节中讲过的，大学很长也很短，轻松也可以不轻松，全在自己的一念之间。大学学习专业知识只是一部分目标，更主要的是不荒废时间、不浪费青春，找到自己，找到自己未来的路，也就是梦想。所以真心希望每个人都认认真真地去思考一下自己的梦想，自己想走的方向，并且敢于面对自己的梦想，敢于坚持自己的梦想，在行动中追求自己的梦想。

1.6.2 梦想者的故事

微信中的这位男生就是面对梦想、坚持梦想、追求梦想的一分子。

其实我们身边有很多同学都是坚持梦想的执行者，让我们听听其中一位的故事。这个故事也许并非励志故事，而且还是一个不太"光彩"的故事，只是分享一下，让大家来思考。

先简单介绍一下我自己吧，国贸专业2009级的×××，梦想是成为小说家。

唔，为什么会说到梦想（和别人谈论自己的梦想其实是一件挺害羞的事情）。

我从小就比较喜欢看书，可能是受父亲的影响（他是那种即使上厕所也一定要捧一本书看的人），中学时代只是随便写了一些上不得台面的东西（两三万字吧），到了大学因为课余时间的增多，这个爱好被无限地放大了，到了现在变成了"梦想"这种说出来都挺吓人的东西。

虽然我大学四年放在学习专业的时间实在不多，到了大四还要选修公选课，但是热爱写东西，用灵感这个字眼可能有点言过其实，因为毕竟都是些稚嫩的点子，但是确实，脑袋里装着一个故事的时候就有一股力量牵引着你让你必须要坐下来，把脑海里构思的事情都写出来。写不出来会失眠，会吃不下饭，甚至有的时候因为没有办法把想法完美地转化成文字，我一个人都会躲在楼道里哭。

这么讲老师可能会不信，可能会觉得我故意给自己找了一个冠冕堂皇的借口，但是实际上我在写东西的时候真是那样。我就记得有一次，脑袋里想到一个情节，但是怎么样都没办法用文字表现出来，我就一个人这么漫无目的地在大街上溜达，没有目标也没有方向，不停地走啊走走啊走，从下午3点一直走到晚上5点多，那时候应该是冬天吧，天黑得反正挺早的，周围根本不认识，不知道走到哪了，幸好记得自己是沿一条直线在走，最后又沿着原路走回来。

当然，我不是说不上课就完全是因为这个。用24小时来比喻大学四年都在干什么的话，其中有10个小时在"睡+吃+喝"，4个小时学习，剩下的5个小时写东西、5个小时是其他娱乐的活动。学习应该顶多是写东西的二分之一不到吧，上课也一般都是在想和故事有关的事情。

通过刚上大一时买的笔记本电脑的字数统计，四年一共打了70多万字，应该可以稍稍说明一下问题。

在大二时第一次在网站的主页看到我写的小说后还截了图，后来也在百度贴吧上写小说，占据了娱乐那部分时间。

大学四年我无法统计出一共看了多少，但是一般来说一周起码要看10

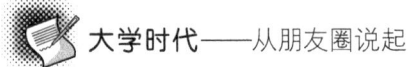

万字吧，假期最多的时候用了三天半看了 300 多万字的小说。这也是之所以成绩很次的原因吧。碰上好看的小说我必须一次性把它看穿，如果看不穿我觉都睡不好……不管是吃饭喝水走路还是睡着前一秒，碰上好看的小说我根本做不了其他事情。

但是我的大学学习实在有些不好意思提，为什么呢？我想讲讲我的原因。

首先，大学我根本没有想过要学习。高三那年不算特别苦，但也绝对不是什么轻松的时光。爹也好妈也好，所有人包括老师，说得最多的就是"现在苦一苦，上了大学就不用学了。"北京一模我考了 330 分，按照当年的分数线连三本都不够。用心的学了一个月，最后高考的成绩是 430 多分；能让我拼命的原因就是我相信我只需要苦这么一个月，未来就不用再学最讨厌的数学和最烦人的英语了。结果到了大学我发现还是要学，有高数、线性代数、概率论、几何、统计一大堆的课程，有大英一级、大英二级、大英三级、大英四级，英语口语一至四级，还有专业课（有的还是双语）……但是，我根本就没有打算在大学用一点功……所以这些课基本上都挂了……到现在才托着这么一身的累赘——说实话，内心是后悔的，到了大三、大四再来补这些东西，真心不是好受的滋味。但是说句心里话，我真的学烦了。即使我这些课都是全世界第一又能怎么样？我根本不需要这些知识……我的梦想从一开始就确定了……我就是想写小说……其他的动力一丁点都没有。

如果说高中还有一个"高考"这个枷锁逼着我学习的话，那么大学我真的找不到任何一个让我学习的理由，除了大学毕业证。可是毕业证您也知道，及格就可以了，考 90 分和 70 分对我来说没有任何不同。但是这又产生了一个问题，如果我想考 90 分，我可能只能考 70 分，如果我压根就只想考 70 分，拿到的分数就很可能更低。公选就更是这样的……

其次，是投机心理。这点我相信所有大学生都是一样的，假如我复习了一天就有很大概率能考过，那我为什么还要整天泡在教室呢？大学四年基本上期末考试我都是提前一天复习，一个晚上不睡觉，第二天考完了回宿舍补觉，到了晚上再起来看下一科目的复习资料。虽然绩点不高，但是我也过了 90% 的科目。某种意义上说，这也加重了我不愿意好好学习的念头。

写到这，其实我心里挺愧疚的。虽然这个只是一份作业吧，但是让我想起了挺多以前的事情。如果硬要说一件大学四年最后悔的事情，我肯定会说对不起很多老师。像我这种学生，应该是老师最不愿意接触的吧！我也挺讨厌这样的自己，真心的。

最后，记得分开的时候老师提到坚持，或者说希望让我知道并不是什么事都能这么简单的完成，必须要有付出，希望不会害了我。这点我知道，从初中二年级写下第一篇文章，到现在 22 岁了，坚持了这么长时间，失去了很多也得到了很多，我到现在也仍然是个称不上小说家的业余爱好者，将近十年了吧。在网上发文，读者看到不满意的地方会一点不留情面地谩骂，同样是作者的人也会为了各种各样的理由开小号去黑你，更不用说每天发的新书足有十几万本甚至几十万本，而我只是这几十万分之一。自己是什么水平的我心里特别清楚，但我真的会坚持下去。

这位同学在老师的眼中可能是问题学生，因为他在国贸专业却追求着作家梦，对于学习的不付出带来了到大四还在恶补当年落下的功课。但是如果他能够履行大学生基本职责，不越过大学生的底线，顺利毕业，又何尝不可呢？我想该选择怎样的梦想，并坚持下去，每个人都会有不一样的看法，这些都不重要，关键的是要敢有梦想，并坚持不虚度时光。

1.7　大声说出你的梦想

这是一个美女同学在微信上写下的一段话：要默默地坚守自己的梦想，安安静静地去实现它。也许她是看到周围人浮躁地鼓吹着自己的梦想，但是却没有丝毫动作，才有此言；也许她周围的人看到别人有梦想、有追求时，就跟风地给自己也找了一个梦想，而她对此不屑；也许她感觉

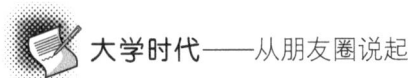

自己在坚持梦想的道路上有些累了，想借微信鼓励自己；也许，还有很多很多种其他可能。而我今天要谈的却是和这个观点相反的一些想法。

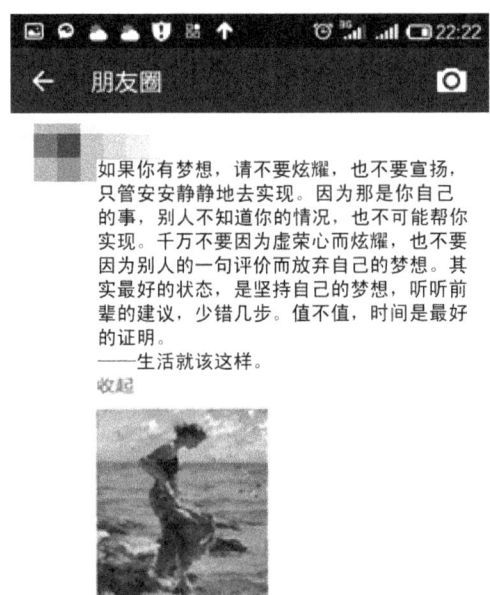

1.7.1　公开你的梦想

默默地坚守、安安静静地去实现梦想就够了吗？笔者认为很多时候梦想依靠这些还不够，需要适当公开自己的梦想。梦想是支持你一直前进的一种动力，是对未来的一种期望，指在现实思考未来的事或是可以达到但必须努力才可以达到的境况。未达到还需要努力，就意味着坚持梦想不是很轻松，甚至可以说是特别辛苦的一件事情。因为特别容易完成的事情，我们不需要努力做，凡是需要努力做的事就要克服自身的一些想法，压抑本能的那个我——追求快乐的本我，然后竭尽所能去完成，因此在追求梦想的道路上会很艰辛。人都是有血有肉、有情绪的，走在艰辛的道路上难免会有累的时候，累的时候就会有各种负能量，有想放弃的念头，这个时候如果是曾经说出过自己梦想的人，就会大大降低半途放弃的概率。

　　这是为什么呢？说出来就意味着一定有人听到了，这是一种公开化的表现，公开化有着强大但又不外现的力量，会帮助人在坚持梦想的道路上走得更远。

　　公开一个想法会在一个人的心理上产生一定变化，因为别人知道了自己想达成的目标，会对自己产生一种约束感。中国有句古话叫作"君子一言驷马难追"，就是说如果你是君子，那么说出来的话就要去践行。因此一旦一个想法说出来让别人知道了，就意味着自己必须按照公开说的话去做，这种约束感是每个认为自己是君子的人都会有的。看到这里，也许你会说自己是小人，不是君子。其实只有一个全面放弃自己的人才会在心底里认定自己是小人，一般情况下，人都希望证明自己是个君子，不会证明自己是个小人。所以这种公开化产生的约束感会让人更愿意去坚持。这种公开化对人产生约束感可以用一个心理学理论来解释，就是认知失调理论。所谓的认知失调理论是指人的两种想法、信念或者行为，如果在心理上不一致的时候，就会感到紧张（这种紧张就是一种"失调"）。这种紧张（不安感）会促使人采取一定的行动改变其中一种想法或念头。如果你公开化地表达了自己的梦想，就意味着你选择了一条为实现梦想必须去走的路，如果你不为了梦想坚持去行动的话，就会因为说的和做的不一致产生压力感，这种压力感就形成对人的一种约束力。

1.7.2　在公开中坚持梦想

　　公开承诺表明的是一种态度，因为其"公开"的性质，促进了态度的进一步稳定和行为更加积极。公开化还让自己进入了一个被监督的环境。态度公开化后，制造了舆论监督环境，被约束感加强，因此不容易改变，也不容易被其他因素影响，从而促成某种行为的保持或达成。别人知道了自己的梦想后，将原本只需要自己对自己进行评价，变成了别人也可以对自己进行评价的结果。那么对于这份公开承诺的维护过程就会产生压力感，一旦没有做到或者没有做好，就会觉得别人在关注自己，会对自己有评价，这种压力感，会让人更容易在坚持梦想的道路上不放弃，并且努力做得更好。

公开化强化了发表人自己的立场，引导他的思考方向，这样一来就增强了主动实现目标的成就动机。大声地说出自己的梦想吧，这样你会离梦想更近些。其实公开化不仅对于梦想，对于很多事情都是可以借鉴的。小学的时候老师让你制订一个学习计划，还会让你回家给爸爸妈妈看看，让他们监督，这就是公开化过程。世界上很多事情都可以通过公开化的方式，让其走得更远，比如可以梦想公开、计划公开、目标公开。公开化后，在群体中就会有一种无形的约束力和压力让你努力坚持。

但是如同这位学生写的一样，"如果你有梦想，请不要炫耀，也不要宣扬"，有些人并不赞同公开化，这些人会觉得没有必要公开、自己不适合公开，或者害怕公开。这些心理该如何认知呢？

有时候不愿意公开化是源于一种不自信。因为对自己要做的事情没有把握，不知道自己究竟是否能够做成，因此不敢公开于他人，害怕一旦无法成功，会让自己陷入一种他人对自己的负面评价中。这种不自信解读为两个方面，一个是对自己的能力没有自信，另一个是对别人的负面评价的不自信。

第一个不自信，要解决的是公开化的内容是否是你深思熟虑的结果，是否是你根据自己的情况制定的符合自己实际的一些目标。如果是，成功的可能性就会很高，所以就不要担心太多，果断地公开。从这角度上分析，公开化也能帮助你在公开化之前对目标进行更负责任的思考。第二个不自信，要解决的是公开化后对待未达成结果的心理调适。处在社会关系中的个体在人与人的相处中，难免会被人评价，该如何对待别人的评价呢？有的人会说我才不理会别人的评价，我自己开心就好。但是有几个人能真正做到呢？试想一下，当听到有人说你不好的时候，你能做到一点情绪都没有吗？对于大部分人来，都做不到毫不在乎，而且大多数人都会产生一定的负面情绪。所以我们对于别人的负面评价无法做到毫不在乎，产生情绪波澜无法避免，但是我们不能因为害怕负面评价就不去做本该做的事情。

面对负面评价如何调整心态就显得尤为重要了。我们需要知道，评价无所不在，所以不可避免；负面评价产生的情绪，需要积极应对。对于可能不好的评价，我们需要坦然接受它的存在，用自我麻醉的方法让自己不去过多地想那些负面评价。你要相信时间会冲淡一切，别人对你的看法都会过去，既然已经发生了，就不要想着不可更改的事实让自己难受。这个世界上别人都是看客，对于你的荣辱得失只是旁观者而已，觉得你好或不好，并不会真正影响你最终的走向。只有自己对自己的看法才是最重要的，最终一直陪在你身边的只有你自己。有句经典的话是"不要为打翻的牛奶哭泣"，所以不要陷入负面的情绪中太久，而是要从中找到对自己能够有激励作用的那部分，用于积极改善自己的行动。

1.7.3　年轻更有公开的资本

无论如何，不要因为自己的自信不足，而放弃成长的机会，请勇敢地走出第一步。同时自信也会在不断的自我挑战中得到提升。

公开化还需要考虑一个问题，就是在多大程度上公开。处在人际交往中的人会有亲疏远近不同的朋友，所以形成了里外有别的人际圈子。一般来说关系亲密的人，在你人际圈子的内圈，人际圈子越向外和你的关系亲密程度就越低。公开化面向的对象随着人际圈子亲密度降低所带来的压力感就越大。也就是说跟越亲密的人公开自己的梦想、目标或计划，压力会相对越小些。所以我们可以根据想公开的具体内容选择公开的程度，这个过程需要明白公开程度越大越好。

公开化对于大学生的价值更为大一些。大学生所处的环境相对其他阶段来说，自我约束力和社会约束力都比较小，那就需要人为加大约束力，这样才能更好地维持大学生的发展动力，从而促进其发展。公开化是一种很好的约束力形成方式，在公开化的过程中加大了外界监督，帮助大学生提升了自我监控能力。

1.8 自我暗示的力量

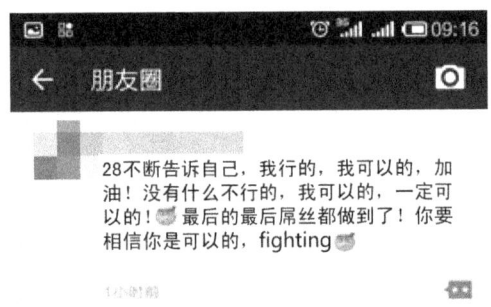

这是一个爱跑步的男生发的朋友圈，讲的应该是某天早晨起床后去相约晨光跑步前，有些想退缩了，于是说了这些自我鼓励的话语。现实生活中是不是可以通过对自己的积极暗示而令一个人发生变化呢？下面就讲讲自我暗示这个问题。

1.8.1 自我暗示

在心理学上，自我暗示是指通过主观想象某种特殊的人与事物的存在来进行自我刺激，达到改变行为和主观经验的目的。它是一种启示、提醒和指令，它会告诉你注意什么、追求什么、致力于什么和怎样行动，因而它能支配你的思想、影响你的行为。这是每个人都拥有的一件看不见的法宝。

这件法宝有许多你无法想象的作用。这种自我暗示会大大影响你对自己的看法并提升你的自信心，也能大大改变你的行为，让你的行动力彰显出更强大的力量。尤其对那些拖延症比较严重的同学，如果能通过积极的自我暗示调节自己，效果会很好。这种自我暗示能够唤醒你体内的潜能，每个人都有被激发的无限可能，人在极限条件下的生存能力就是极致表现，在危急条件下，自我暗示是一股可以激活潜能的力量。举个例子，本来觉得自己可能不行的事情，如果在一定条件下，你相信自己行，并且通过不断地重复建立自己意识层面的链接，就有可能激活你的潜力，那你就能够成功。当然这里说的是一定条件下，不是所有的事情都是只靠你想"你能行"最终就能成功的。从根本上来讲，想做成一件事情，依靠的仍然是你本身的能力和你的努力付出，如果这些基础的构筑你都具备了，这个时候你学会使用积极的自我暗示策略就可以增加你通往成功的筹码。

曾经有个教育心理学家用现场实验证明了自我暗示的强大力量。研究者们找到一个学校，从校方手中得到了一份全体学生的名单。经过一系列伴装的测试后，随机从全部学生名单中抽取一部分名单，他们向学校提供了这些学生名单，并告诉校方，他们通过一项测试发现，这些学生有很高的天赋，只不过尚未在学习中表现出来。当然，这只是一个谎言，其实这仅仅是从学生的名单中随意抽取出来的几个人的名单。不过结果却出乎意料，在学年末的测试中，这些学生的学习成绩的确比其他学生高出很多。研究者认为，这就是教师期望的影响。具体来说，就是教师的一种心理暗示作用转换成为教师行为中的积极力量，这种积极力量又转化到这些学生身上的结果。由于教师认为这个学生是天才，因而对他寄予更大的期望，在上课时给予他更多的关注，通过各种方式向他传达"你很优秀"的信息，学生感受到教师的关注，因而产生一种激励作用，学习时加倍努力，最终取得了好成绩。这种现象说明教师的期待不同，对学生施加影响的方法也不同，学生受到的影响自然也不同。后来心理学家就给这种现象起了一个很好听的名字，叫"皮格马利翁效应"，也叫预言自动实现效应或期望效应、罗森塔尔效应。

这里简单地说一下，什么叫"皮格马利翁效应"。皮格马利翁（Pygmalion）是来自希腊神话中的一个人物，是希腊神话中的塞浦路斯国王，善雕刻。他不喜欢塞浦路斯的凡间女子，决定永不结婚。皮格马利翁用神奇的技艺雕刻了一座美丽的象牙少女像，在夜以继日的工作中，他把全部的精力、热情、爱恋都给予了这座雕像。他像对待自己的妻子那样抚爱她、装扮她，为她起名加拉泰亚，并向神乞求让她成为自己的妻子。后来爱神阿芙洛狄忒被他打动，赐予雕像生命，并让他们结为夫妻。因此"皮

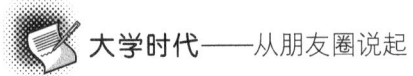

格马利翁效应"就成了自我实现的同义词。

这个世界上的行与不行，大部分时候没有特别明显的界限，生活中的很多问题不像足球比赛进球与否可以客观判断，在不能客观判断的时候，行与不行无非是一种定性的判断，这个时候自己相信自己行就是一个非常重要的前提，一个连自己都觉得不行的人，别人怎么会认为他行呢？

1.8.2　积极的自我暗示

所以自我暗示的核心就是相信自己行、告诉自己行。通过使用自我暗示的一系列方法，提醒自己足够强大，这对于不够自信、不够快乐的人尤其适用。

积极的自我暗示要注意五个方面：第一，自我暗示的内容要尽量简洁。简单直接的自我暗示更容易印刻到你的大脑，在你需要的时候也较为容易提取出来。第二，自我暗示的内容应该是正面的。每个人都希望自己是优秀的，所以自我暗示要从积极的角度去想问题。这个说起来容易，做起来并没有那么容易。有些人心里总是觉得自己这个不行、那个不行，这种消极的自我暗示也会起作用，但是可能会得到你不想要的结果，所以需要时刻注意提醒自己。第三，用肯定的语气来完成自我暗示。通过肯定的语气来帮助自己建立信心，不能用否定、模糊的字眼来进行自我暗示。比如"我不会生病"这种暗示就不如我很健康；我不会失败，就不如用我会成功。第四，自我暗示需要多遍的重复。刺激潜意识一次是不够的，需要不断重复，并形成稳定的习惯，这样才能印刻到自己的记忆里，需要的时候才能及时提取成功。第五，利用多种感觉通道帮助自我暗示。可以通过默想进行自我暗示；也可以说出来，完成听、说两道程序进行自我暗示；还可以画出来贴在办公电脑上，或者贴在床头，通过视觉刺激进行自我暗示。当然最好是多种形式都使用，通过调动各个感觉通道的积极性，完成积极的自我暗示。

最后，我从百度上找到一套"积极的自我谈话"模版。它也许能很好地帮助大家将显意识及潜意识集中到积极的意念上。自我激励的话语：我是最棒的，我一定行。自我期望：我是一个大企业家。自我要求：我一定要努力，加油干。自我表扬：我真是好样的。自我欣赏：我真行。自我关心：我要注意身体。自我奖励：祝贺你，这份礼物送给你啦！自我批评：不该这样。自我惩罚：这件事是我不对，去做好事，补偿一下。自我提醒：成功者是不会轻言放弃的。自我开导：想开点！何必计较这些小节。我会成功。自我安慰：我很快乐。没有失败，只是暂时还没有成功而已。自我总结：做得对，继续干。自我命令：立即行动！

　　善用潜意识的力量，成功会比你想象得更快、更轻松。一起加入积极自我暗示的队伍吧，发现那个潜能无限的我吧。

1.9　进退有度

　　这个女生突然在微信中分享一段感受："有些时候，你根本就不用出手。只要退一步，你就赢了。"这个朋友圈最让我喜欢的是图片配得精准。朋友圈的内容让我想起了另外一个词：以退为进。看着是败退、逃跑，但很多时候也许正是战争的转机，跑不是为了真正的逃，而是为了拉敌人进入一个埋伏圈，让敌人陷于被动境地，从而让自己有取得胜利的可能；或者也有可能是暂时退回来，进入卧薪尝胆的休整阶段，待再战时一鸣惊人。

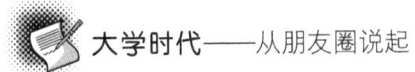

人生旅途漫漫，就像一条长长的战争之路，其中将经历无数战争。战场上，有铆足劲儿向前冲的时候，也有累了乏了的时候，这个时候不如以退为进，让自己退下来修整一下，重新排兵布阵，迎接下一场战斗。做一个从容的人，需要懂得放手，学会放弃。当你懂得放下的时候，放空的是自己的心灵，得到快乐的是自己，所以每个人都要学习放下这项本领。什么是放下呢？

1.9.1　放下执着

不要对什么都太执着。关于这点，还得从小时候说起。上大学之前，每个人基本上都围绕着完成学业这项任务来生活，考上大学是一个非常明确的目标。这个时候执着于好好学习，那是有上进心的表现，这个时候面对的问题简单、单一，因此一般来说执着于追求的人更容易学习好。但是随着进入大学这种准社会状态，以及随后踏入社会，面临较复杂、系统的问题时，这个时候如果事事都执着、不肯变通，不懂得学习进退有度，就会让自己陷入一种无休止的前进中不得喘息，时间长了就会有问题。所以要学会放下，不要对任何事都太在乎。

1.9.2　学习取舍

认清现实，认清自己，懂得在进退中掌握分寸。中国汉字文化博大精深，每个字、每个词语、每个成语细细品味都很有味道。今天我们来说说"舍得"这个词语，舍得是愿意付出，不过从字面去解释这个词语更觉得有意义，所谓舍得就是舍弃什么然后得到什么，也就是有付出才有收获，有舍才有得。舍得既是一种处世的哲学，也是一种做人做事的艺术。舍与得就如水与火、天与地、阴与阳一样，是既对立又统一的矛盾概念，相生相克，相辅相成，存于天地，存于人世，存于心间，存于微妙的细节。万事万物均在舍得之中，才能达至和谐、达到统一。一个人若真正把握了舍与得的机理和尺度，便等于把握了成功的机遇。要知道，百年的人生，也不过就是一舍一得的重复。

　　所以在这不长的百年人生中，一定要清楚自己要的是什么，该争取前进的时候坚决不能退缩。对于可以看开的事情，就要适时放下，不要强求。这就是在进退中把握分寸，掌握人生，让自己立于不败之地。

1.9.3　不要比较

　　不要试图什么都比别人好。要学会放下事事与别人一较高下的心理。现实生活中有句使用频率极高的话，乃是："人比人，气死人。"意思是劝己劝人乐天知命，不要与人家比高低、较雌雄，以免徒生烦恼。但是美国社会心理学家利昂·费斯汀格（Leon Festinger）在 19 世纪 50 年代通过自己的研究告诉人们一个结论，人们通常很难避免在和别人的比较中来进行自我评价。他认为人所处的环境很难有一个客观评价自己的情况，这个时候以他人作为比较的尺度来进行自我评价，就是常用手段。既然与他人比较是一种常见而又不太容易避免的事情，并且人比人通常还容易产生很多不好的结果，那么我们就要谨慎对待比较。秉承能够放下的心态，就是不要所有事情都和别人比较。要学会取舍，用舍得来帮助自己筛选。

1.9.4　不求完美

　　不要试图让所有人都说你好。1.2 节已经说过，人本性都是追求优秀和卓越的，都觉得自己是对的、好的。所以希望别人认为自己都是好的这个心理也就自然而然地成了大部分人的想法。但是正如世界上找不到两片相同的叶子一样，这个世界上也找不到两个一样的人，你认为对的、好的，他人可不一定认为是对的、好的，所以想让所有人都说你是好的、对的这件事也就有些不靠谱了。对自己的要求需要放低一些，对待他人的期待也要学会放低，不要试图让所有人都说你好。人与人交往中，更主要的标准不是让所有人都说你好，而是在社会规范范围内按自己的准则，做让自己快乐和认为正确的事情，不要过多地在乎他人的看法。

1.9.5 不看低自己

做人也不必觉得自己什么都不行。每个人一定都有属于自己的长处，所以要学会发现和发展自己的长处。智力研究理论中有一个理论叫多元智能理论，这个理论认为智力是在某种社会或文化环境的价值标准下，个体用以解决自己遇到的真正的难题或生产及创造出有效产品所需要的能力。每个人都至少具备语言智力、数理逻辑智力、音乐智力、空间智力、身体智力、人际交往智力和自我认知智力，另外，还有自然主义智力和存在主义智力。无论你是怎样来到大学校园的，都说明你的智力水平肯定没有问题，已经达到了一个较高标准。那么你来到大学后除了学习专业知识，有时间可以好好思考自己在哪些方面是强于他人，或者有可能强于他人的，尽量让自己把强于或可能强于他人的方面做强做大，其他方面暂时放下。按照能达到的最高标准来要求自己，这是行动力上的指南。通过努力，你一定能够让自己某些方面强大起来。

无论是生理学，还是心理学对大脑的研究证明，大脑有一定的自我调整能力，具有补偿性特点，而且它具有终生成长性。很多特别案例也证明了这一点。智力障碍的人可能是音乐天才。失聪的人的视觉总是会非常敏锐，盲人的听觉总是比别人敏感。一个人在事故中失去双手，却学会用脚行使自己双手的功能……这些富有正能量的故事，告诉我们大脑有无限发展的可能，一定要找到适合自己的。所以一切都有可能，关键是你有没有付出行动。

1.9.6 学习欣赏

做人还要学会懂得欣赏他人，学会为他人叫好。为对手叫好，是一种美德，更是一种智慧。当你能看到别人身上优点的时候，你就拥有了最强大的处世资本。这种虚怀若谷的心态，能帮助你放下本来该去争的世界，专心于你追求的生活。

学会放下，就是学会不争，这种不争是对自己人生的一种修炼。低调，看似平淡，更易于长久。不信你去看看大自然，波涛汹涌的巨浪总是短暂的，大海大多时候都是平静的，只有平淡才易于长长久久。

放下也是一种大智若愚的表现。大智若愚这个成语鼓励人不求争先，不必争得鱼死网破不顾一切，让自己在放下中明明白白过一生。

对自己要学会有张有弛、有进有退。该争取的要争取，不该争取的要学会放弃。努力争取无法成功的时候，要审时度势，适时放弃。放弃、放下并不是停止前进，而是给自己充电，让自己有调整节奏的时间。

用卡夫卡的一句话来结尾吧！努力想得到什么东西，其实只要沉着镇静、实事求是，就可以轻易地、神不知鬼不觉地达到目的。而如果过于使劲，闹得太凶，就是太幼稚、太没有经验。比如哭啊、抓啊、拉啊，就像一个小孩扯桌布，结果却是一无所获，只不过把桌上的好东西都扯到地上，永远也得不到了。

1.10　面对失眠

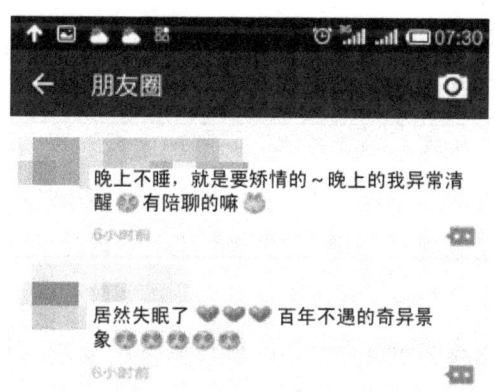

这天的朋友圈非常有意思，连续两个学生表达了一个主题词："失眠"。后来分别私信追问这两位女生，发现这两位同学并未相约而发，而是不约而同地发了这个主题的朋友圈。至少说明一个问题，失眠在大学生中也是一个常见词汇。不仅是这两位女生，在我的微信中时不时还能看到其他学生发的"睡不着，有约聊天？""睡不着啊……"之类的表达失眠的语句。今天就让我们来直面失眠这个问题。

1.10.1　睡眠

说失眠之前，笔者先来说说睡眠问题。不知道诸位是否认真思考过睡觉对人的重大意义。大凡经历过严重失眠的人，在失眠的过程中都思考过这个重大问题，下面用心理学的研究来介绍一下睡眠问题。

用百度一搜，你会发现睡眠被这样定义：睡眠是指大脑为了将刺激和刺激联结分配固化给相应神经细胞重整信息的需要，把注意力暂且转移到原先兴奋强度较弱的神经细胞，并由那些神经细胞接管人体的大部分生命活动，而原先接受处理内外刺激并做出反应的兴奋度较高的神经细胞因防止没有经过深加工的刺激联结相互干扰而信息过载（也可以理解为生化能量有限而醒着时，这些神经细胞以接受和处理刺激，创建和调用刺激联结为主，睡眠时以整理、过滤和固化刺激联结为主），必须大部分屏蔽内外刺激对这些神经细胞的作用的必要的生命过程。这么长的定义，简单来说，就是告诉我们睡眠是唤醒平时不用的神经系统来值班以保证身体的运转，让我们清醒时候的大脑神经系统进行休息的过程。

这种休息调整有什么作用呢？想必每个大学生都会觉得这个问题问得多此一举，这种作用还需要解释吗？睡眠是一种生物本能，人在睡眠时，全身肌肉松弛，对外界刺激反应减低，心跳、呼吸、排泄等活动减少，有利于各种器官恢复机能。人体内的生物钟支配着内分泌系统，释放各种激素。其中有一种生长激素，其作用是促进肌肉新陈代谢，恢复体力，促使骨骼成长。虽然大家都知道重要，但是其实很多大学生并不珍惜睡觉，并不好好睡觉，所以我想还是有必要列举一下睡眠不好的危害：影响大脑的思维发展，影响记忆水平，影响身体发育，导致疾病产生，还影响皮肤健康、降低人的漂亮程度，还可能导致肥胖。造成这些结果的生物学原理就不一一讲述了，在此仅讲讲睡眠剥夺实验。

1.10.2　睡眠剥夺

在百度上输入"睡眠剥夺"，可以看到很多有关苏联睡眠剥夺实验和日本人睡眠剥夺实验的介绍，笔者在正规的文献和教科书中没有找到这几近残酷的实验，也无法证明真伪，但是心理学家确实在做很多关于睡眠的研究，也证明了如果睡眠被影响后确实会对人产生许多负面影响。在《睡眠的动物实验研究》一文中深刻阐释了睡眠剥夺对机体生理、行为、学习、记忆以及早期表达等方面都会产生影响。在《睡眠及睡眠剥夺与学习记忆的相关性探讨》一文中阐释了睡眠剥夺（sleep deprivation，SD）对学习记忆会造成影响，表现在影响认知功能的多个方面。被睡眠剥夺后你的注意力会降低，选择性注意的速度与准确性大打折扣，监督性注意的效率部分地降低，影响视觉空间注意力。你的执行力水平也会降低，影响非现实效果的风险决策，使规划能力受损，规划时间延长，纠错能力下降；睡眠与记忆的识别、维持、再提取以及巩固都有很大关系。仅在中文期刊网上用"睡眠剥夺"为关键词一搜索，就有1108篇相关研究论文。

大学生不好好睡觉，很多人会抗议说："谁说不重视，我们宿舍白天黑夜都有人睡觉，有的人从夜里两点一直能睡到第二天下午两点，这都12个小时啦，还能说不好好睡觉？"所以现在要讲到底该怎样睡觉才叫好好睡觉。

1.10.3　睡眠进程

先来看看一般人的睡眠进程是怎样的，这段文字有些长，但是读进去还是很有意思的，请耐心阅读（改编自百度百科）：

正常睡眠一般有两个进程交替发生，一个是慢波相，又称非快速眼动睡眠；另一个则是异相睡眠，又称快速眼动睡眠。非快速眼动睡眠主要用于恢复体力，快速眼动主要用于恢复脑力。

根据人脑电波的特征慢波睡眠通常由浅入深分为四期。第1期脑电图呈现低电压脑波，频率快慢混合，而以4～7周/秒的频率为主，它常出现在睡眠伊始和夜间短暂苏醒之后。第2期脑电图呈现的也是较低电压脑波，中间插入短串的12～14周/秒的睡眠梭形波和K复合波，它是慢波睡眠的主要成分，代表浅睡过程。第3期的脑电图常有短暂的高电压波，超过50

微伏，频率为 1～2 周/秒，叫作 δ 波。第 4 期，δ 波占优势，其出现时间占总时间的 50% 以上，代表深睡状态。因此，第 3、第 4 两期仅有量的差别，而无质的差异。一般认为慢波睡眠第 4 期具有消除疲劳的功能，因为人在长时间体力劳动或不睡后，在恢复睡眠中此期延续很久。随着睡眠由浅入深，意识逐步丧失，血压略降，心率、呼吸减慢，瞳孔缩小，体温和代谢率均下降，尿量减少，胃液增多，唾液分泌减少，发汗功能增强等。

异相睡眠是在睡眠过程中周期出现的一种激动状态。脑电图呈现快频低压电波，类似清醒时脑波。自主神经系统活动增强，如心率、呼吸加速，血压升高，脑血流及耗氧量均增加。此外，睡者时时翻身，面和趾端肌肉不时抽动。还记录到在实验中的动物的单个神经细胞的放电活动非但高于慢波相，有时还超过清醒状态下的活动水平。人的异相睡眠，和动物的一样，表现出 3 个特征：①低电压，快频脑波；②颈部肌肉张力松弛以及脊髓反射被抑制，此时运动系统受到很强抑制；③频繁出现快速的眼球运动，同时在一些和视觉有关的脑结构，包括大脑皮层视区，出现高大锐波，统称脑桥—膝状体—枕区皮层波（PGO）。由于快速眼动只存在于异相睡眠中，故后者常被叫作快速眼动睡眠。

睡眠时相的转换：正常成年人入睡后，首先进入慢波相，通常依次为 1 期→2 期→3 期→4 期→3 期→2 期，等等，历时 70～120 分钟不等，即转入异相睡眠，约 5～15 分钟，这样便结束第 1 次时相转换，接着又开始慢波相，并转入下一个异相睡眠，如此周而复始地进行下去。整个睡眠过程，一般有 4～6 次睡眠时相转换，慢波相时程逐次缩短，并以第 2 期为主，而异相时程则逐步延长。设睡眠全时为 100%，则慢波睡眠约占 80%，而异相睡眠约占 20%。将睡眠不同时相和觉醒态按出现先后的时间序列排列，可绘制成睡眠图，它能直观地反映睡眠各时相的动态变化。

简言之，我们睡觉的过程是分阶段的，是一个从浅睡眠逐渐到深睡眠，然后又转回到浅睡眠，并重新开始的过程，一个睡眠比较好的晚上大概要循环 4～6 次。

1.10.4　该睡多长时间

那到底要睡多长时间合适呢？关键词是"因人而异"。如果睡醒后，你对睡眠感到满意，自我感觉良好，头脑清醒，疲劳解除，精力充沛，效率提高，就达到了深度睡眠的效果。一般来说，保证 7～8 个小时睡眠时间只是一个平均值，睡眠时间是因人而异的。如果仅睡了 5～6 个小时，上述标准就达到了，说明是高质量的睡眠，因为你的深度睡眠时间足够保证了睡眠质量。反之，即使睡了 9～10 个小时甚至更多时间，达不到上述标准，表明睡眠质量不好。那种认为自己睡眠时间少就是失眠，因而忧心忡忡、惶惶不安，显然是跌入了睡眠误区。

但是什么时间睡觉倒是一个重要的问题。大学生普遍存在的一个问题就是晚睡现象普遍。一般晚上十点多才能回到宿舍，然后一系列的准备工作进行完毕一般都已经十一二点、子夜时分了，还要看看电脑和手机，还要聊聊天，这一来二去，能在十二点以前入睡真是不太容易。晚上不睡觉，早上不起床、翘课的现象也不鲜见。同学们都有个误区，认为我睡觉需要 8 个小时，那我每天睡够这个时间就是，和几点睡没有什么关系。从研究表明，睡觉确实存在这一个睡眠补偿问题，有的也称之为反跳问题。你今天晚上没有好好睡或者刷夜熬通宵了（也就是发生了睡眠剥夺现象），一般来说第二天睡得时间长点，很快你就会发现你满血复活，又恢复了状态。这个称之为睡眠补偿现象，人通过补偿可以补回一定的身体状态。但是长期的睡眠剥夺（该睡觉不睡觉）对身体的伤害就不容易补偿了。

按照一般的观点，睡眠是消除大脑疲劳的主要方式。如果长期睡眠不足或睡眠质量太差，就会严重影响大脑的机能，本来很聪明的人也会变得糊涂起来。也许年轻人感觉不太明显，但是如果长期不能保证合适时间、合适长度的睡眠，就会应一句老话"出来混总有一天是要还的"。

所以请记住，无论多么忙碌，也请在晚上十二点前去睡觉，每个人的体内都有生物钟，在不同时间里担负着不同的生理作息使命，可别轻易忽

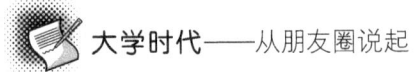

视了。早起相对就没那么可怕，只要你跟着太阳公公一起上下班，日出而作，一定没错。

1.10.5 失眠没那么可怕

说了半天睡觉问题，接下来就要说说失眠问题。

现代社会睡眠有问题的人真的很多。神经衰弱，睡不着觉。心里有事压力大，要追女生追不上，失恋了造成痛苦，这些都会导致失眠。还有的身体没事、心里也没事，但还是失眠，也许是因为焦虑，也许是因为对自己要求太高了，反正就是着急睡不着。住宿的大学生们经常也会感受到外界对睡觉的影响，比如你想睡别人不想睡，搞得你睡觉也有问题了。总之，现代人经常失眠是个不争的事实，所以微信中经常会看到同学们分享失眠的帖子。

但其实失眠没有那么可怕，如果认识到睡觉的重要性，你就了解睡觉是人这个系统自行启动的功能，它是保证人正常机能的必要条件，如果你劳累到一定程度，身体机能就会让你去睡觉了。所以失眠一定程度上只能说你还不够劳累。同时，睡眠的重要性也说了，如果部分地剥夺睡眠，就是该睡觉的时候不睡觉，或者每天睡不够一定的量，会对身体产生许多不好的影响。不过失眠虽然会对身体造成一定的伤害，但没有那么严重，因为身体具有一定的自愈功能，所以不要把失眠想象的那么可怕。剥夺睡眠实验在现实中也被很多人证明，几天几夜不睡觉并不会带来多大的危险，虽然暂时对身体机能、认知能力等都有伤害，但是随着时间推移，人也能自我进行修复。

很多失眠，本来只是一点小事，但是睡不着造成的心理压力，产生了焦虑感，这种焦虑感带来了更大的失眠，这才是比较大的伤害。所以请记住，失眠不必惊慌，因为一定是可以睡着的。同时也要相信自己，一段时间睡不着也没有特别的问题，只要等焦虑的情绪逐渐恢复，人就会进入正常睡眠状态。

所以失眠没有想象的那么可怕，睡不着就不睡，顺其自然，等足够累了就会睡着了。当然，你需要暂时忍受失眠带来的精神状态不好、记忆力下降、技能性降低的不良影响，但是一切都会过去的。

最后要提醒一下，偶尔的失眠没有什么问题，但如果是长期严重的失眠，一定要及时就医。

1.11　保持一颗永远年轻的心

一个已然大四的学生，在某一天早上，发出了这样的评论："还是心态年轻的好。"想来是经历了什么，才会有此感叹。下面就讲讲与心态相关的话题。

1.11.1　心态是什么

什么是心态？百度一下，我找到了这样的定义。心态，即心理状态。心理过程是不断变化着的、暂时性的，个性心理特征是稳固的，而心理状态则是介于二者之间的，既有暂时性，又有稳固性，是心理过程与个性心理特征统一的表现。心理状态是个体在一定情境下各种心理活动的复合表现，任何一种心理状态既有各种心理过程的成分，又有个性差异的色彩，还包括许多复合的心理过程，不是心理过程的简单拼合，而是由这些心理过程所构成的具有新特性的复合物。尽管这些成分在不同的心理状态中的

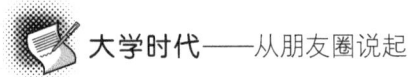

地位和作用不一样，但心理状态始终是心理活动的综合反映。著名小说家狄更斯说："一个健全的心态比一百种智慧更有力量。"相信他肯定非常认可心态对于一个人的重要作用。

1.11.2 亚健康

现代社会，很多人都会处于一种奇怪状态，去医院检查身体，各项指标都没问题，但是自己总感觉不怎么舒服——心情不太好，状态不太好。这种现象还有一个时髦的名字叫"亚健康"。亚健康是指身体介于健康与疾病之间的边缘状态，又叫作"慢性疲劳综合征"，或称"第三状态"。世界卫生组织认为，健康是一种身体、精神和交往上的完美状态，而不只是身体无病。根据这一界定，经过严格的统计学统计，人群中真正的健康者"第一状态"和患病"第二状态"所占比例不足 1/3，有 2/3 以上的人群处在健康和患病之间的过渡状态，世界卫生组织称其为"第三状态"，也就是常说的"亚健康"状态。

罗仁教授的课题研究认为亚健康在临床上的主要表现有：

①疲劳；

②失眠；

③健忘；

④食欲缺乏；

⑤烦躁不安；

⑥抑郁或消极、焦虑不安；

⑦头晕、心悸气短；

⑧大小便异常；

⑨性欲低下；

⑩免疫功能下降（经常感冒或有感冒症状、咽喉不适、口腔溃疡等）。

自己给自己测量一下，你中了几条呢？其实从亚健康的这些表现来看，这种状态更多的时候是一种心理问题，也就是我们今天说的心态问题，而不是真正的身体疾病的问题。

1.11.3　心态可以永远不老

一个人是否幸福，在本质上和财富、地位、权力没关系。幸福由思想、心态决定，心可以造就天堂，也可以造就地狱。有这样一个故事：一个日本武士问一个老禅师，师父，请问什么是天堂？什么是地狱？老禅师轻蔑地看了他一眼，说你这种粗糙、卑鄙的人，根本不配和我谈天堂。武士被激怒了，嗖地拔出刀，把刀架在老禅师的脖子上，说糟老头，我要杀了你！老禅师平静地说，这就是地狱。武士明白了，愤怒的情绪是地狱，把刀收回鞘中。老禅师又平静地说，这就是天堂。武士明白了，心情好就是天堂，马上跪下说，谢谢师父。

再举个我们身边的例子，甲和乙都到了四十不惑的年纪，他们都感觉到上楼梯的时候膝盖有些疼。甲紧张地说自己老了，完蛋了，觉得哪哪都是病。虽然乙也有同样症状，但他却认为这些是正常的退化，不是什么大事，不影响生活。两者的差异就是心态差异。心态的差异决定一个人真正表现出来的健康状态有明显的不同。一个觉得自己哪哪都是病的人自然每天都是唉声叹气的，一个觉得没什么大事的人自然会坦然面对生活。这种对于事情的心态差异，最终转化成了对生活的态度差异，对未来的结果差异。

人的生理会随着岁月变老，但是在自我成长中永远都可以不服老、不变老，保持一个年轻的心态。自我认识和自我把握可以永远向上生长。

国外，80 岁优雅的老太太、73 岁的老头子还要玩让人心跳加速的蹦极，104 岁的老太太还会用跳伞来为自己庆生，他们就是心态永远年轻的榜样。

国内，这些年也有了一些老年人不服老的例子：石狮八旬老人穿情侣装秀恩爱，上海 84 岁老先生包下整个楼向自己的爱人示爱。

1.11.4　大学生的心态把握

如果按照庄稼成长的速度来做比较，大学生的自我成长正处于庄稼最疯长的阶段，这个时候良好的心态尤其重要。为什么？一般来说25岁左右人的生理特征达到成长顶峰，从这个数字推论，20～23岁的大学生正处于到达顶峰前的成长最后阶段，同时大学相对于高中阶段有了更多的时间思考和践行自我全方位的成长，而23～25岁之间这两年，大部分人就面临进入社会、开启另外一段忙碌人生的阶段，大部分情况下没有了大学校园的那份从容，更多的是被动面对，进入了施展自我来应对生活的阶段。所以说"最好的自我成长阶段在大学"这个说法对于很多人来说是成立的。

在这个阶段我们能做些什么呢？

改变视角思考问题。通常我们改变不了事情本身就改变对这个事情的态度，一个人因为发生的事情所受到的伤害不如他对这个事情的看法不正确而承受的不好的后果引起的伤害严重。事情本身不重要，重要的是人对这个事情的态度。态度变了，事情就变了。事情没有好坏之分，关键是我们对事情的态度。

对一切事物都以开放的心态对待，不能改变环境就适应环境。要学会欣赏每个瞬间，热爱生命，相信未来一定会更美好。所以当新的事物产生，自己不懂的事情来临，不能选择退缩，而要努力地去积极应对，不要怕自己不会的事物，每个人都有这个时候，不要因为害怕失败，就永远不敢向前迈步。考清华大学经管学院博士生，50个人才录取一个，竞争非常残酷。有人想我要是考不上多丢脸啊，我的未来怎么办啊？但是，换一种思考视角会更好：49个人都跟你一样考不上，你能把握的就是努力考试，考完后该干吗就干吗，就当作人生一个经历。

积极主动获取成长的机会。有人总是为未来担心，忧心忡忡，请不要庸人自扰，如果你担心的事情不能被你左右，就随它去吧！我们只能考虑力所能及的事情，力所能及则尽力，力不能及则由它去。你要的就是积极主动地发现周围的机会，然后努力让自己越来越强大，以便能够在机会来临时及时地抓住机会，让自己获得成长。

敢于面对客观的自己。每个人都不是为别人而活，反过来，首先都应该是为自己而活。不要试图去改变别人，要努力客观地认识自己、改变自己，让自己更适应社会。要学会忘记、谅解、宽容。不原谅等于给了别人持续伤害你的机会。要把"放下""开心"当作自己养的宠物，时刻提醒自己要塑造阳光心态。客观的看待自己包括认识自己的优势和了解自己的弱势。然后努力构建属于自己的优势为未来所用，努力减小自己缺点的杀伤力，让其影响最小化。

最后，拥有阳光心态之外还需要学会善待身边的每一个人。有人说，我有很多铁哥们，但都在新疆，远水不解近渴啊。有人把办公室的同事当成对手，错了！怎么才能把别人变成天使呢？要学会感恩、欣赏、给予、宽容。不能向上比较就向下比较，多把自己的不足和别人的优点比比，然后让自己心淡定下来，让别人的形象高大起来，这个时候你就能更加宽容。

1.12　自我成长的进程

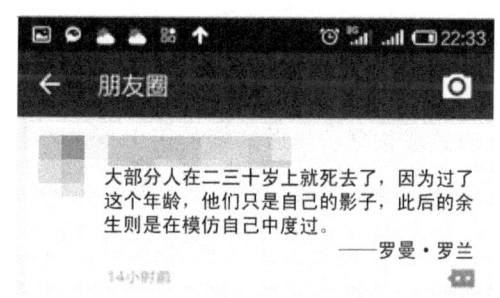

这位女同学上大二，看到了罗曼·罗兰的一句话，分享在了当天的朋友圈上。想来一定是这句话让这位女同学深深感动了。

从这段话里每个人都会读到不同的东西，今天笔者想分享自己读到的东西——关于自我成长的故事。在 1.1.1 中已经讲述了自我的重要性了，今天主要讲讲自我是怎样一步步成长起来的。

1.12.1　小时候的自我

自我成长最重要的时期是什么？这要从呱呱落地说起。当婴儿来到这

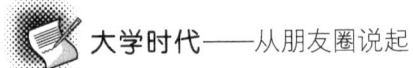

个世界最初的那段日子，只知道吃奶、睡觉两件事情，随着慢慢长大，他睡觉的时间会慢慢减少，睁眼看世界的时间开始增多。虽然从表面上看，这样的日子里小宝宝并没有太大的变化，但其实藏在脑袋里面的大脑组织在这段时间却异常的活跃，他的脑细胞不断被这个全新的世界所激活，他开始学习和认识周围的一切，通过和周围的人和事情接触，慢慢在大脑激活各种联结，其中激活的就有对未来自我的认识。小宝宝在这个阶段建立起来的安全感会大大影响他或她未来对待生活的态度、耐挫折的能力、自信、自尊等。虽然看似宝宝并不知道自己是谁，但是襁褓中宝宝所感受到的一切都会影响到未来对自己的感觉。所以，有一种观点说0～3岁的孩子是自我成长中最为关键的时期。

在0～3岁阶段小宝宝受到怎样的照顾，决定了他对世界建立怎样的认识。所以在宝宝小的时候需要让宝宝感受到温暖、满足。这种安全感的满足，会让小朋友对世界建立起最初的信任感，而且这种信任感是在一张白纸上写下的，留下的痕迹将会更加深刻，对人的影响非常大，乃至有可能影响一生。

但这个阶段的自我成长自己能做的部分很小，主要由照顾宝宝的大人们来完成。因此对自我影响很重要的就是家长们，在0～3岁阶段家长们要尽量去爱自己的宝宝，多抱抱宝宝，认真观察和记录宝宝的每一个反应，宝宝的每一个需要都第一时间有回应，尽量满足宝宝的需求，这就为个体的自我成长打下了最为坚实的基础。

宝宝在3岁左右的时候，将会进入一个小叛逆期，现在有时也被称为第一叛逆期。这个阶段，自我发生了什么变化呢？让我们先看看3岁左右的宝宝可能会有怎样的表现吧！

最大的表现应该是学会说"不"了。1岁多那个时候大人说什么就去做什么的小宝宝，会在3岁左右的时候开始变化了，家长说什么，都会听到这个小宝宝唱反调，"不"成了常用词汇。懂得说"不"虽然有的时候会让家长无所适从，甚至很多时候还会很恼火，但是从一个人的自我成长的规律来看，实际上应该恭喜这位宝宝。会说"不"表明他（她）的自我开始成长了，一个人开始慢慢认识到"我"是我，"你"是你了，这当然值得恭喜。因为表明你的宝宝开始能够意识到自己的存在，感受到自己与别人的不同，这个小小的自我成长是以与外界的成长进行对抗开始的。

除了 3 岁左右有一个比较明显的对抗期以外，在小朋友 7~8 岁的时候还会有一个阶段。有句俗语是"7 岁、8 岁狗都嫌"。7~8 岁的小朋友会有一些特别的表现，有的让家长不可思议，无法讲清楚道理，这个时候的小朋友喜欢挑战权威、挑战世界，所以很多行为无法被大人理解，但是他（她）会乐此不疲。为什么会这样呢？那是因为那个不断成长的自我在这个年龄到了一个快速成长期，他开始意识到了自我世界的变化，想通过不断地探索去证明自我的存在。

1.12.2　青春期的自我

过了七八岁，就会来到众所周知的青春期叛逆期。一般在初中阶段每个人都会先后进入青春叛逆期，这个时候的叛逆和前两次叛逆的原因都是一样的，身体中的"自我"进入了快速成长期，对外部世界的认识进入了新的历史时期，所以导致孩子们要用与众不同的行为来表明自己的这个成长历程。当然这次的成长比起先前的两个阶段来得会更猛烈些，尤其表现在亲子关系中，会使亲子关系面临前所未有的考验。一般父母和青春期的孩子都会有冲突发生，彼此之间产生沟通不畅的问题。有的孩子青春叛逆期没有那么明显，有的孩子表现得强烈些，无论怎样，这个时期父母通常都会感觉无法走到孩子的心里去。

一次次的自我成长，其实是一个人逐渐强大的过程，从个体发展角度看，这是一件值得庆贺的好事情，每个人只有通过这种血与火的洗礼，才能学会应对大千世界，才能在无穷变化的世界中找到自己，寻到方向。可是这个阶段产生的负效应——亲子关系紧张的问题，如果不能很好地处理，对个体发展就会带来很多不可预测的问题。

这个阶段亲子关系的处理更主要的是要从家长这方入手。作为父母，第一，应该了解孩子这个阶段的行为表现比较激进、极端是正常现象，这是在寻求自我证明的方式。第二，要接受孩子出现的各种可能性，无论孩子做出什么样的行为，都一定有其自身发展需求的推动，是有原因的。可能的话，要想方设法去了解导致孩子行为的原因，帮助孩子尽可能合理地解读。但这里需要提醒一点，如果孩子特别排斥，就不要强求。第三，尊重孩子的发展可能，叛逆比较严重的孩子选择的行为有时会对自己后面发展甚至终生发展产生较大影响，这个时候家长会焦虑万分，看着孩子跳进火坑又有哪位家长能够淡定下来的呢？所以着急上火那是必然。但是这个时候更需要冷静地面对，以尊重孩子为前提，积极采取"堵不如疏"的应对策略。堵不如疏这个俗语是古人留下的，大概是后人从大禹治水的事迹中总结出来的。禹的父亲鲧用封堵的方式治水，结果失败被舜所杀，而禹用疏导的方式治水，结果成功了。对事物，尤其是现阶段难以判定其影响好坏的新兴事物，处理者不应当直接封杀压制，而应采用疏导的方式将事物纳入正轨，从而避免因为暴力压堵所引起的强烈反弹。对于青春叛逆，其实很多时候家长只是根据自己的生活判断认为孩子的行为是不当的，但是谁也无法验证孩子的行为选择是否是真的错误，这个时候最好不要用抵制的态度对待，最好以疏导的方式为主，用家长和孩子都能接受的方式去对待。

很多青春叛逆期的案例都表明，如果家长用坚决抵制的态度简单粗暴想尽快解决出现的问题，最终只会适得其反。青春叛逆期的孩子心理需求就是跟家长对立、跟一切他认为的权威对立，对待这种想叛逆的心理，如果选择对立的态度与其较量，就只会更加对立，所以尽量要顺着来，对方的对立也无从施展，然后再想办法进行引导，才有可能起到作用。所以请记住对待青春期这次叛逆，能够宽容就忍着，实在不能宽容就选择"曲线救国"，千万不能走直线，那样就是逼着彼此跳进黄河。

1.12.3　终生成长的自我

再来说说关于成长另外一个问题，真的如罗兰所说30岁的余生都是在复制中度过的吗？每个人说的话大部分都来自于对个人或者其他人体验的反思，因此这句话一定有其道理，这句话可能来源于以下说法：20 岁左右是自我的一个定型期。20 岁左右，一个人不会再经历大动荡，不会经历前几个阶段那样明显的叛逆期的剧烈成长，一切相对平静。人们有了相对稳定的自我认识、管理和评价体系，对自己的思想、态度、行为进行管理和约束，形成了自我较为稳定的风格，有了属于自己的思维模式、处事风格、行为能力。一般来说大学生就处于这个阶段的起始阶段，这个阶段每个人差异都不是此时此刻"我"的反应，而是和外部世界较量了 20 多年后，经历过几次大的动荡之后形成的自我。有的大学生表现为积极上进，对自我有着较高的要求。有的大学生的表现却恰恰相反，似乎无所追求，整日不知道可以干什么。还有的大学生想法不多，做法也不多，仅仅满足于大家做什么我做什么，这些都是在从小到大的成长过程中，形成的自我模式。由于大学生处于这个阶段的初期，所以还会随着环境的变化进行调整，虽然不会发生根本性变革，但是自我成长还在继续，自我模式的调整还存在可能性。随着年龄的继续增长，这种自我模式会更加趋于稳定，除非再有什么重大外部事件的刺激。

因此从这个意义上看，罗兰说 30 岁的余生都是在复制中度过有一定道理。不过，虽然可以说是复制，但从某种意义上来看，也不能说是完全的复制。人的自我模式虽然在 20～30 岁之间基本稳定下来，不会发生翻天覆地的变化，但是仍然有发展的可能性。而且这种可能性是终身都存在着的，人的自我一生都需要改变和发展，所以古话说"活到老学到老"不仅仅指的是学习某项知识，更是指做人的道理，对自我的理解，和对世界的理解这些涵盖在自我中的那部分内容，因此人永远不能放弃对自己的发展。

小的时候，我们要善待自己的每一次成长。20 多岁以后是一个不断完善的阶段，还有发展的可能，不能轻言放弃。

第2讲　行动力提升

心动不如行动

大学是人生中一段难得的美好时光，自由自在是大部分人最为直观的感受。在这里没有人催你写作业，也没有人追在你后面要求你必须去上课，一切都要依靠自己对自己的管理、自己对自己的约束。所以很多大学生都在这份自由面前不知所措，眼看着时间一点点流逝，却不知道如何让自己做好。拖延症已经成了大学里非常普遍的一个现象，大家非要等到事情的最后期限（deadline）到来之时，才开始着急忙慌地去面对。有的人一拖就是三年，等到大四来临，毕业迫在眉睫的时候，才发现自己欠下的已经太多太多。

解决这个问题除了提升自己的行动力，没有更好的办法了。所以本书在第2讲用了很大的篇幅，就是告诉同学们在这个阶段要提升哪些方面的行动力，该如何让自己面对这个阶段生活的点点滴滴。在第2讲中，笔者将带着你从情绪的烦扰中走出，去面对大学生活应该有的模样，你要学会去读书、去思考、去反思、去考试、去运动、去玩耍，把你的时间管理起来，把你自己的情绪管理起来，在行动中让自己不辜负青春的每一天。

2.1 不要把时间花在情绪上

"就知道过不了为什么瞎操心"这句话是一位女生在大二阶段备考英语四级考试的时候发的一条朋友圈。还原一下当时的情景，应该是如下场景：没有几天就要考试了，这个时候她觉得自己没有复习好，一丝丝的焦虑涌上心头，这种不安打乱了她的心境，为了让凌乱的心情尽快平复，为了安慰自己，写下了这句话。

现在笔者从心理学角度先来讲讲这样的语言对人有什么样的作用。当人紧张不安的时候，通过语言减轻压力是个不错的方法。说什么可以减轻焦虑呢？给自己找借口面对失败，想想失败后的画面都能够有此功效。这个女生现在说的这句话，就是起到这个效果，当我们连最坏的结果都不怕的时候，眼前的事情自然就没那么可怕了，焦虑不安也会随之减轻。所以一般人紧张的时候，都可以借用这种方法来降低自己的紧张感。帮助紧张和担心的人缓解情绪的方法之一就是列出最大可能的风险，并一一劝说其接受最坏的可能，这样一来就可以起到舒缓、安慰的作用。以后你紧张了，不妨也来试试。

2.1.1 行动和情绪管理

不过仔细看题目，这里要讲的不仅是自我暗示型的心理安慰对人的作用。而且告诉读者不能把过多的时间放在情绪上，否则就会降低自己的行动力。一个人如何降低自己的紧张焦虑的情绪呢？有一个做人做事的基本方法：让自己尽量把时间、精力花费在行动上，聚焦于做什么、怎么做，而不要把过多的精力放置于自己的心情如何、情绪怎样等类似的这些想法或问题上。

杞人忧天是一个经典故事：古代杞国有个人担心天会塌、地会陷，自己无处存身，便食不下咽，寝不安席。另外又有个人为这个杞国人的忧愁而忧愁，就去开导他，说："天不过是积聚的气体罢了，没有哪个地方没有空气的。你一举一动，一呼一吸，整天都在天空里活动，怎么还担心天会塌下来呢？"那人说："天是气体，那日、月、星、辰不就会掉下来吗？"开导他的人说："日、月、星、辰也是空气中发光的东西，即使掉下来，也不会伤害什么。"那人又说："如果地陷下去怎么办？"开导他的人说："地不过是堆积的土块罢了，填满了四处，没有什么地方是没有土块的，你行走跳跃，整天都在地上活动，怎么还担心地会陷下去呢？"

经过这个人一解释，那个杞国人才放下心来，很高兴；开导他的人也放了心，很高兴。虽然这个故事中杞人忧天的人迎来了拯救他的人，从而得救了。但是现实生活中靠别人来拯救自己，往往是行不通的，生活中你碰到的绝大多数的问题是不会出现"那个人"的，而是要靠自己拯救自己。

人总是会担忧，当想要什么而又不容易得到时，心情不好充满压力是正常的，因此我们也允许一定限度内的情绪不好，人必须给自己留出一定的时间去处理情绪。当下我要说的重点不是不要产生情绪，而是说不要把过多的时间放在情绪之上。应该明白，解决情绪不是让自己陷入情绪当中就可以解决的，而需要跳出来去解决它，那需要的是什么呢？需要的是付出，在付出时不要过多担心结果，而要注重过程。每个人都要关注问题和解决问题的方法，而不是自己的心情。因为关注心情无助于心情变好，只有关注问题、困难，并努力去想解决之道，才有可能解决问题，从而解决心情不好的那个病因。

这就是标本兼治的道理，身体有病我们不能仅仅看到病症就觉得这就是导致生病的那个病根，而是既要看到现象又要看到本质，标本兼治才能达到效果。同样地，对于我们处理情绪问题，也要明白这个道理，治疗情绪不好的方法不是陷入情绪本身，而是要从情绪本身中找到带来情绪的问题，面对问题，解决问题。

所以治疗坏心情的好方法是让自己行动起来。有不少的大学生似乎都有一个通病：心怀梦想，很想学些什么，做点什么，但是却迟迟没有行动。还有不少的大学生：心中压力大大，目标多多，但是总是想着明日复明日，患有严重的拖延症。

2.1.2　时间管理

接下来，就解决一下拖延症的问题，从学会时间管理做起。

时间管理是一个概念，更是一种方法，每一个人都需要对自己进行时间管理，只有善待时间的人，才能从一寸光阴一寸金的时间中找到更大的价值。当你对自己每天要做的事情有一定规划的时候，就是行动力提升的第一步。不管怎样，把自己想做的事情列出来，然后就开始动手去做。比如你想写小说，那么就从现在开始写吧。哪怕每天只写了 100 字，都比只想不写要好，开始行动是第一步。

行动力提升的核心是提升效率，要安排好自己单位时间内做的事情。

最早的时间管理就是把每天想做的事情列出来，然后一步步去完成。后来时间管理理念提升到考虑内容和时间两个维度，不仅列出每天要完成的事情，还把每天大概什么时候做什么事情列出来，就是我们通常说的计划。目前流行的是第三代时间管理的理念，四象限法则。把事情在内容、时间维度之外添加是否紧急、是否重要两个维度，来进行考虑。

四象限法则是著名管理学家科维提出的一个时间管理理论，把工作按照重要和紧急两个不同的程度进行了划分，基本上可以分为四个"象限"：既紧急又重要、重要但不紧急、紧急但不重要、既不紧急也不重要。下图

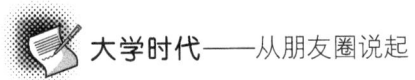

列出了四象限法则行事的基本原则。

	紧急	不紧急
重要	A 立刻处理	B 根据你的愿景和价值来组织这些活动
不重要	C 不要把所有急迫的事都视为重要的事——好好选择并加以评估	D 尽量减少或予以剔除

网上还对普通人的时间安排和成功人士的时间安排进行了对比。不知道你看了以后做何感想？以下三点是需要特别说明的：第一，每个人的时间管理里都应该给自己适度安排第四象限的事情，因为只有劳逸结合才不至于让大脑和身体很累，以致降低效率。第二，我们的大部分事情应该在第二象限中找到自己完成的时间。很多人的实际生活是被第三象限紧急但不重要的事情充满了，其实这些事情价值很小，我们要尽量提高效率去完成这个象限的工作，把更多的时间留给重要但不紧急的事情，详细周密地计划，按照时间表取得效果。

普通人的时间安排

I 25%~30% 紧急又重要	II 15% 重要但不紧急
III 50%~60% 紧急但不重要	IV 2%~3% 既不紧急 也不重要

成功人士的时间安排

I 20%~25% 紧急又重要	II 65%~80% 重要但不紧急
III 15% 紧急但不重要	IV <1% 既不紧急 也不重要

提升行动力还要记住一些小技巧。比如，能在 3 分钟完成的事情应该第一时间着手完成，不要放下来，因为如果放下来等到再想起的时候又得重新加工，无形中浪费了时间。比如麦肯锡 30 秒电梯理论，简单地说就是能简洁就不要烦琐，尽量找到最为简洁高效的方法来处理事情和沟通。比如莫法特休息法，讲的是《圣经新约》的翻译者詹姆斯·莫法特的书房里

有三张桌子：第一张摆着他正在翻译的《圣经》译稿；第二张摆的是他的一篇论文的原稿；第三张摆的是他正在写的一篇侦探小说。它告诉我们怎样一种道理呢？就是不要一直做一件事情，要善于充分利用时间，让自己得以休息。虽然这三件事情都是在工作，但是由于一定程度的交替，也可以让大脑得到适度放松。记得曾经有位同学在研究生复习备考中就应用了这个策略。他在考研教室、图书馆和教学楼自习室都给自己找了一个学习的地方，每隔两个小时就到下一个地方去学习，通过换学习场所、换复习内容，来达到放松的效果。

　　总之，请记住好的时间管理，就是重视一点一滴的时间，加强自身的控制力。

2.2　时光不会辜负你的付出

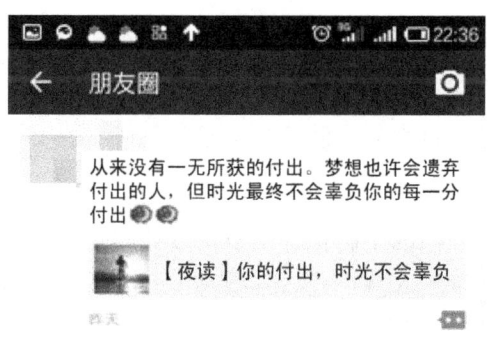

　　这是某一天《人民日报》客户端夜读栏目推出的一篇文章，这位大二的女生不仅转了，还贴出了自己的感悟，把文章中最有感触的话用自己的想法进行了再表达。抛开别的，我想值得开心的一点是《人民日报》这个高大上媒体推出的接地气的微信内容得到了大学生的认可，我们这些做大学老师的也相当开心。

2.2.1　付出和收获的关系

　　现在要讲的话题是"付出和收获的关系"。一直以来，家长、学校的

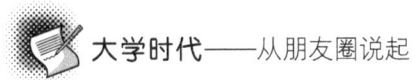

教育总是告诉我们"付出和收获一定成正比"。但是笔者分明记得，从小到大在受到不公正待遇的时候，就怀疑"付出和收获真的成正比吗？明明我付出了，怎么没有得到我想的收获呢？"后来，我作为大学老师，接待学生做心理咨询时，经常碰到和自己当年有一样困惑的学生来问"老师，付出和收获真的成正比吗？我怎么感觉不是呢？"有的时候，学生还会列出来很多看似不成正比的例子。某某"拼爹"，他没有付出多少啊，但是他收获比我大啊！你看看，北京生源的学生因为有个北京户口，找工作的压力就比我们小很多啊！学得不咋地，但是工作找的不比我们差，甚至比刻苦学习的人还好。

首先，如果仅仅从这些案例来看，似乎真的是付出和收获不成正比。但是为什么老祖宗会告诉我们说"付出和收获成正比呢"？我想一定有它的道理所在。天下没有免费的午餐。收获需要付出，是颠扑不破的真理。但是这种收获和付出的正比性，可不能太狭隘地去理解，不是说今天付出明天就会有收获，如同老话讲的桃三李四，桃树种了三年才能结出好吃的桃子，李树要种四年才能结出好吃的李子，所以任何收获和付出的正比要放在一个超越时空的角度上去思考。可能今天付出的一切要很久很久以后才会有收获。

其次，收获和付出的正比有时候不是以相同类型的形式展现的。有的时候付出时间获得的是金钱，有的时候付出时间但获得的是情谊，有的时候付出的是时间获得的可能也是时间。而且有的时候收获的东西可能和你想象的完全不一样，甚至你可能从未发现，所以每个人都要有一双发现的眼睛，努力去发现自己的收获，而不要总是陷入自己认为的收获应该是什么，努力去找那个所谓的收获，每个付出的过程中都会有收获，关键要有一双发现的眼睛。

2.2.2 "拼爹"时代

当今社会流行一个词"拼爹"，指的是"比拼老爹"。年轻人不管上学、找工作、买房子等方面比拼的不是自己的能力，拼的是各自的父母。

"拼爹"这个词在一定程度上表明了社会上的一种不公平，有的人因为父母而拥有了更多的资源。但是如果我们换一个角度去看，"拼爹"也是一种付出和收获成正比的例子，父辈曾经的努力拼搏赢得了今天，下一代如果能继承上一代的优秀品质，继续将之发扬光大，难道不是一种付出与收获的正比关系吗？所以有时候也不能仅仅看到"拼爹"的不公平所在，也要想想拥有"拼爹"资本的同学只不过是他们的父辈甚至是祖辈在一定程度上付出了更多、为社会做出的贡献更大而已。无论是谁，要想获得人生的辉煌，都要付出更多、更大的努力，这样才能将付出和收获永远地传承下去。

有位大四的男生在微信中也发过一个关于付出和收获关系的帖子，如是说："嫉妒源于没有看到别人在私底下的努力"。这个帖子也展现了另外一种付出和收获的关系，很多人的努力并不是总是能被人看到的那部分，更多的是在别人看不到的地方和看不到的时候比别人付出了更多，才能收获比别人更多的东西。

2.2.3　为收获而积累

付出一定会有收获，这种收获有可能是你不曾发现的，要学会去发现。

其实无论你想还是不想，你的有生岁月都在一点点流失，你都在付出你的时间。所以老话讲时间就是金钱，因为你生命的点点滴滴都是在付出时间，如果你能将时间付出得当，定能换回物质的收获。既然干什么都是付出时间，什么都不干虚度的时间也是付出，那何不把付出的时间放在有意义的事情上，让自己在成长的道路上向上生长呢？

青春最大的好处是什么？有位师长回答说是"来得及"。是的，青春就是有时间，你还来得及尝试，还来得及犯错，还来得及积累。2015 年有本畅销书名叫《异类》，作者是格拉德威尔，这个被营销者追捧为《纽约客》怪才的作家为我们解释了一个成功的公式。这个公式告诉我们社会给予的机遇对于一个人取得成功的作用不可小觑，但是这些是不可控制的，能影响一个人成功的、个人能掌控的因素就是一万小时定律。当你在任何事情上的关注度不间断地超过一万小时的时候，你就成了这个领域的专

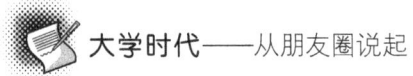

家。书中列举了首富比尔·盖茨的例子，在盖茨从哈佛大学肄业之前，他其实在编程这件事情上已经积累了超过一万小时，当时的社会发展正是在信息革命的关键节点，所以积累够了一万小时专家经验的比尔·盖茨果断开始创业，并取得成功。所以年轻的大学生们，如果你在你想做的事情上还没有积累够一万小时的话，就从今天开始专注于个人的时间积累吧！只有这种勤奋的付出积累到一定程度，加上社会的支持系统和社会的进一步发展，才可能达到你想要的成功。

想收获，一定要有付出，只是这种付出有时你能看到，有时是你根本没有看到，你不能因为只看到结果没有看到付出，就认为别人的收获轻而易举。你也不要因为自己的付出不够，就嫌弃别人付出太多把自己比下去了。能做的就是努力地、好好地、老老实实地付出，时光就不会辜负你。

2.3　榜样的力量

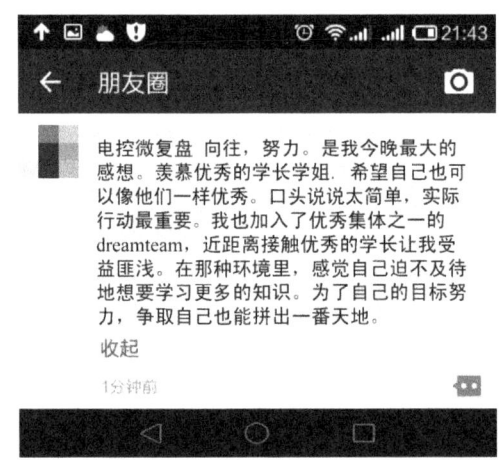

这是大学一年级的一个女生在班级召开了学习交流复盘会之后，发出来的一条朋友圈。她文中提到的学长学姐，各方面一定很优秀，激活了这个小女生内心的崇拜感，这种正向的引领在20岁左右的年轻人的身上很常见。被一个身边的正面人物所影响，然后自己的态度、观念和行为也随之产生变化，随后让自己的成长步伐加快，使自己成长道路发生重大变化，这就是今天我想说的榜样的力量。

2.3.1　偶像崇拜

和榜样有关的身边的现象是以偶像崇拜的形式出现的，先来说说偶像崇拜问题吧。所谓的偶像最早是指用木头或者泥土做成的小人，用来代表人们心中某种具有神秘力量的象征物。在现代社会，偶像这个词更多的是对某个具体人的一种敬仰和崇拜。随机地问问同学们，你们的偶像是谁？大家会给出一长溜的名字……从这些名字中我们大概可以发现，能够成为偶像被崇拜的主要是名人、明星、政治家、企业家，或者是体坛名将。总之，偶像级人物一般都是有渠道让别人熟悉的那些人。

2.3.2　名人效应

社会心理学有个效应叫作名人效应。所谓名人效应是名人的出现所达成的引人注意、强化事物、扩大影响的效应，或人们模仿名人的心理现象的统称。名人效应已经在生活中的方方面面产生深远影响，比如名人代言广告能够刺激消费，名人出席慈善活动能够带动社会关怀弱者，名人参加的电视节目可以极大地提高收视率……在我们大学校园的活动中名人的参与对于活动效果的影响是可想而知的。

名人效应现象的历史是相当久远的。有个关于伯乐的故事。有个要卖马的人，一连卖了三天都无人过问，他就去见相马专家伯乐，说："我要卖一匹马，可一连三天都无人过问。请您无论如何帮助我一下。您只要围着我的马看几圈，走开后回头再看一看，我奉送您一天的花费。"伯乐同意了，真的去市场上围着马看了几圈，临走时又回头看了看，伯乐刚一离开，马的价格立刻暴涨了 10 倍。

成语东施效颦也是利用名人效应的一个例子。现代社会名人效应的现象更是不胜枚举，名人的发型、着装、言行都会成为崇拜这个名人的大众们竞相追捧的东西。

这里的名人其实就是一种榜样的形式。"榜样"二字都带"木"字，如同"楷模"二字，而"楷"和"模"是两种树木的名字。字典里"榜样"有几种解释：样子、模样；情形、状况；楷模；典型、先例。其实榜样是一种理想人格，或者说是主观自我。以某个人为榜样，就是领会运用某个人的立场、观点、方法，把榜样人物同主观自我高度融合，在具体问题面前，运用榜样人物的立场、观点、方法来认识问题并形成观念及设想，从而指导支配自身的言行。以某个人为榜样，其实就是学习领会这个人的立场、观点、方法，使自己与榜样人物更相像。通常，如果个体觉得某个对象比自己强，个体想追求和这个对象一样，这个对象就成了榜样。名人更容易成为榜样，主要是因为名人的公开化程度高，名人的言行更容易被大众关注和传播，因此更容易成为普通大众追捧的对象，从而化身为榜样。

2.3.3 榜样的作用原理

榜样对于个体成长的重大影响在心理学研究中被充分证明过。1971年美国心理学家阿尔伯特·班杜拉（Albert Bandura）提出的社会学习理论就阐明了向榜样学习在人成长中不可忽视的作用。他曾经和他的同事一起做过一个著名的"波波玩偶实验"来证明小孩子的攻击性行为是如何获得的。

他的研究对象是3~6岁的幼儿园小朋友（研究表明攻击性行为的产生和形成在这个阶段），他把两组小朋友分别带到一个有玩具的房间，一组除了玩玩具还会看到具有攻击性的成人打波波玩偶，另外一组只玩玩具，不会看到成人攻击波波玩偶。10分钟后这两组的小朋友分别被带到另外一个有玩具的房间，自己玩耍，没有成人陪伴。这个时候通过录像观察不同组的小朋友的行为，结果看到过成人攻击波波玩偶的那一组的小朋友攻击性行为明显多于和强于没有看到的那一组的小朋友。班杜拉着眼于观察学习和自我调节在引发人的行为中的作用，重视人的行为和环境的相互作用。他指出人们在现实生活中和媒体中看到的东西决定了人们的行为，因此谁控制了社会榜样，谁就控制了行为。他还指出人类的两大重要的学习方式就是观察和模仿。模仿的过程就是向榜样学习的过程。因此班杜拉主张可以通过榜样和示范作用等要素构建环境从而达到我们所需要的结果。

那么什么样的人会成为榜样呢？刚才说的名人会成为榜样，除了他们之外，其实我们身边与我们有紧密关系的人也很容易成为我们的榜样。在模仿过程中，观察者与示范者之间的关系是至关重要的。一个人与什么人交往，不管是他自己所选择的，还是被强迫的，都限定了所能学到的行为类型。因为这些人的行为类型会被学习者多次观察到。古话中的近朱者赤近墨者黑及《孟母三迁》的故事都是说的这个道理。所以社会主义核心价值观构筑过程中，国家会评选一些道德模范、榜样人物，也都是通过人们身边的例子来给老百姓树立榜样。大学校园里经常评选的励志之星、三好学生可谓是老牌的榜样力量案例。通过这些身边人物的正面影响，加之名人效应的社会渗透，我们每个人都会受到潜移默化的影响。

所以，适度的偶像崇拜是合理的也是大有好处的，通过名人的正向行为，可以带动一大批人走向积极的生活。公众名人的正面形象很重要，社会宣传什么，社会就会走向那里，所以名人自身和宣传名人的媒体，以及名人的自媒体都是构建社会榜样不可或缺的力量。

但是榜样对个人的引导，永远都是外力，每个人成长成什么样子，最终还是依靠自己，以及帮助孩子性格形成的父母的教育作用。所以还是回到那句老话，子不教父之过（现代社会男女平等，我想老话说的"父"现在应该是父母），一定是有它的道理的。

我们要善于从榜样的身上学习，但是前提是不迷失自己，了解自己要什么，要走向哪里。

2.4　客观评价自己

这是一个大三的女生在一次竞赛之后，写下的感言："只有自己知道：曾经，是个什么样的日子。"诗人泰戈尔曾经说过，这个世界上最难读懂的就是自己。中国有个成语叫作"自知之明"，就是强调人要了解自己。

到底该如何认识自己、了解自己呢？我想有几层意思。

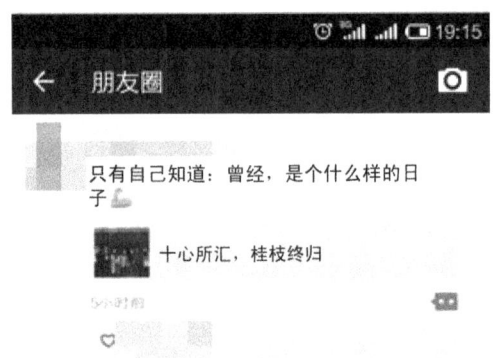

2.4.1 自我认识

第一层意思，自己了解自己的特征，其实就是自我认识。那么我们先来学习一下什么是自我。自我有很多叫法，有的叫自我意识，有的叫自我概念，有的叫自我，叫什么不重要，重要的是我们要了解自我是指个体对自己存在状态的认知，是个体对自己社会角色进行自我评价的结果。在我们的经验中，觉察到自己的一切区别于周围其他的物与其他的人，这就是自我，就是自我意识。这里所说自己的一切指我们的躯体，我们的生理与心理活动。

自我的特征一般可以从三方面来认识，一部分是生理自我，你的高矮胖瘦、父母家庭、年龄大小、颜值高低，都是生理自我的部分。一部分是心理自我，自己心理上的部分特征，喜欢什么、不喜欢什么、性格特征是怎样的、情绪特征是如何把握的，这些都是心理自我部分。还有一部分是社会自我，你与人是怎样打交道的，你的社会支持系统也就是人际交往的圈子是怎样的，这些都是社会自我这部分要认识的。

2.4.2 了解自我的特长

第二层意思，了解自己的优势、特长。客观认识自己最重要的一点就是了解自己的优势在哪里，长处是什么。尺有所短寸有所长，任何事物都有自己的优和劣、长和短。每个人都要仔细分析一下，自己的长处在哪里。可以由表及里地分析自己，外表有什么长处，性格有哪些好的地方，性情有哪些地方是受人喜欢的，意志力或者管控能力、情绪处理能力有哪些是比别人做得好的。每个人都要仔细地回味自己对事情的反应，从而找到自己的优势。比如，要从自己行为处理的特征中认识自己处理事情是否果断，要从每次关键事件中的表现来了解自己心理素质如何。要多多记录自己在成功事件中的表现，把这些事件中自己表现出来的特征汇总起来，就是你的优势特征。比如，笔者每逢大事就会因为紧张睡不着觉，是不是很多人都跟我一样，比如高考前、考研前就会因为紧张而失眠，但是我通常也会发现在第二天的考试中似乎没有发挥失常，本来担心因为发困影响发挥的事情并没有发生过，于是我就告诉自己虽然紧张会让自己失眠，但是自己属于实力型选手，在真正的战场上不会露怯，总体来看，心理素质算是过关。当我对自己的这个特征了解后，我再不会因为失眠引发更紧张的焦虑，大事之前有失眠发生时我不再那么紧张，因为我确信失眠并不会影响什么。所以了解自己的优势和长处，对于自己处理棘手的问题、紧急的情况，都是有应急性作用的，可以帮助你在紧急状况下，做出更为及时、准确的判断。

2.4.3　了解自我的不足

第三层意思，了解自己的不足和缺点。说完了解长处，当然也不能忽视对自己不足和缺点的认识。了解优势可以让自己最大限度地发挥自己的潜能，取得意想不到的好效果。同样的，了解自己的不足可以让自己最大限度地规避各种可能的风险，大大提高成功的可能，降低无用的消耗。要学会分析自己的不足之处，也要善于记录曾经发生过的事情，从中分析自己哪里表现得不好，自己可能存在着什么样的不足，这些积累起来，放进自己的大脑，经过多次求证后，发现确实不行的，就认可这种不足存在的现实。

现代社会，文明发展得越来越强大，人的不足通常可以通过长处和技术加以弥补，所以每个人都没有必要因为自己的缺点而难受，人人都有缺点，这个世界上没有十全十美的人和事，所以不要奢求自己完美。了解自己的缺点，明智地规避自己的缺点，充分地利用自己的长处，为自己赢得更多的机会，才是客观地认识自己。

2.4.4　了解自我小活动

有一些活动是可以帮助个人了解自己，在这里提供给大家。

（1）现实的我

这个游戏很简单，请你在纸上完成补充句子的游戏。完成"我是 _____
_____"这样的句式，越多完成越好。

这个游戏其实就是对自己反思和评价的一个过程，通过自我总结和自我揭示，展现自己的面目特征。这是一个经典的自我认识游戏。

（2）理想的我

这个游戏也很简单，仍然是请你在纸上完成补充句子的游戏。这次完成的是"我要是 _____"这样的句式，越多完成越好。

这个游戏是了解对自己的期盼，通常定义为理想的我。一个人的理想的我和现实的我重合的部分越多，这个人的幸福指数就越高。如果理想的我远远脱离现实我的特征，这个人的自我认识问题就比较大，这也是一个经典的自我认识游戏。

（3）我的人生长河

画一条河流，作为自己人生的长度，然后在这个长河里找到决定自己人生转折的年龄，并标注出来，同时记录下这些关键节点上发生的事情。这个转折点的事情可能是令你开心的事情，也可能是令你不开心的事情。开心的事情用蓝色笔完成，不开心的事情用红色笔完成。

写完之后，请比较一下自己是红色的部分多，还是蓝色的部分多，把这些事情中透露出来的自己的优点和缺点一一列出来。

这个游戏帮助个人回忆自己过往人生的重要事件，通过回忆更好地了解自己，从而客观地认识自己。

（4）我的自画像

请每个人画出自己的样子。这跟那个大画家凡·高画自画像基本是一样的，都是把一个人在自己心目中的样子描绘出来，但是我们要求的可能要多一些。比如，我们要求全身像，给自己有一些装扮，还可以构建一个环境，画面上可以出现其他你想出现的事物。

当然，这种自画像有的时候是按照经典的"房树人游戏"出现的。房树人测验（Tree-House-Person），又称屋树人测验，它开始于 John Buck 的"画树测验"。John Buck 于 1948 年发明此方法，受测者只需在三张白纸上分别画屋、树及人就完成测试。而动态屋、树、人分析学则由 Robert C Burn 在 1970 年发明，受测者会在同一张纸上画屋、树及人。这三者有互动作用，例如从屋及人的位置与距离都可看出受测者与家庭的关系。

其实这是心理学中通常说的一种所谓的"投射"测验，对于我们自己来说，不需要了解太多关于投射是什么，你只需要通过自己对自己形象的构建，发现自己内心世界的真正想法，了解自我。

对于自我认识过程，还有几个词汇我们也一并学习学习。

2.4.5　自我效能感

这一概念是美国著名心理学家班杜拉于 20 世纪 70 年代在其著作《思想和行为的社会基础》中提出的。从 20 世纪 80 年代中期开始，自我效能感理论得到了丰富和发展，也得到了大量实证研究的支持。它指个体对自己是否有能力完成某一行为所进行的推测与判断。班杜拉对自我效能感的定义是"人们对自身能否利用所拥有的技能去完成某项工作行为的自信程度"。

简单地说，自我效能感强的人就是对自己胜任力自信的人，觉得自己行是其核心特性。每个人都需要不断寻找成功的可能、积累成功的经验，这样才能不断地对自己的能力有更加积极的判断。

中国有句老话，叫作"宁做鸡头不当凤尾"其实就是一种提升自我效能水平的策略。每个人都要客观地了解自己的优势和劣势，让自己的优势

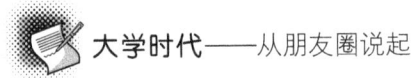

能够真正发挥出来，从而带动自我效能感不断提高。

2.4.6　自我价值感

马斯洛在20世纪40年代提出了需要层次理论，他认为人有生理需要、安全需要、归属和爱的需要、尊重的需要和自我实现的需要。就尊重的需要来说，又包含了两个层面：需要他人的重视和个体感知自我价值的需要，建立自我价值感是促使个体自我实现的条件。

简单地说，自我价值感就是自己对自己肯定和认可的程度。一个人对自我的认可水平越高，那么他的自我价值观就越强，在自我实现方面的动力就会越强。

2.4.7　成就动机

成就动机是指一个人所具有的试图追求和达到目标的驱动力。麦克莱伦认为，各人的成就动机都是不相同的，每一个人都处在一个相对稳定的成就动机水平。它是个体追求自认为重要的有价值的工作，并使之达到完美状态的动机，即一种以高标准要求自己力求取得活动成功为目标的动机。比如：具有这种动机因素的学生，就能刻苦努力，战胜学习中的种种困难和障碍，取得优良成绩。

简单地说，成就动机就是一个人想做好的动力。一个人如果想做好，就会努力想办法让结果向着更好的方向发展。

2.5　日记中的成长

一个大二的女生，在学完了自己最最最"讨厌"的一门课程之后，写了这样一段长长的文字："大物期末考完试，这段忙忙碌碌的日子也告一段落。从来没想到如此厌恶大物的我会在这个时候突然爱上大物。想了想觉得田导说的是对的：我之所以不喜欢学大物，是因为我不会。我越不会就越不想学，而越不学就更不会。大概如此。还要认真地感谢两个学姐

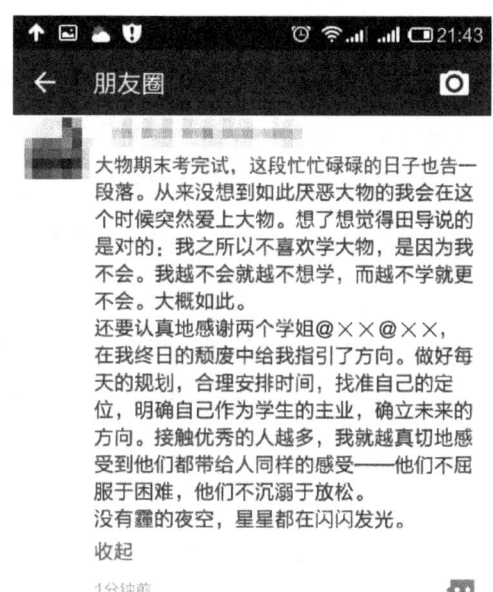

@××@××，在我终日的颓废中给我指引了方向。做好每天的规划，合理安排时间，找准自己的定位，明确自己作为学生的主业，确立未来的方向。接触优秀的人越多，我就越真切地感受到他们都带给人同样的感受——他们不屈服于困难，他们不沉溺于放松。没有霾的夜空，星星都在闪闪发光。"

2.5.1　用日记帮助反思

这段文字比较长，其中有对最近学业的思考和生活的反思、对他人的感谢，也有对自己的要求，还有对环境的描述，很像是一篇日记了。其实网络社会的微博、视频很多时候就是起到一个记录当下的作用，和传统的写日记有异曲同工之处。只是网络化的日记改变了传统的日记隐蔽私密的特点，变成了公开化的分享。所以分享的内容和私密的日记还是会有些差别的。微博或者微信对自己生活的记录更多的时候是一种公开的表达，一种形象化的建立，有着比较强的印象管理的痕迹，不同于私密的日记印象管理的痕迹少，自我表达的更多。所以这种长长的自我反思的日记型微信并不多见。

生活中很多人都有写日记的习惯，有的人也许认为自己写的不是日记，仅仅是一种记录而已，不过无论怎样的日记形式，其实都是自我反思的过程。日记可以完成分享当下、分析自己、了解自我的作用。网络中的日记还起着树立形象的作用。如果你能坚持写日记，这也是一个培养毅力的过程。大概从小学二三年级开始，语文老师就会开始留写日记和周记的作业，想必就是培养孩子们毅力的一个用心吧。不过我记得小的时候的日记真的都是因为作业才会去写，反而是慢慢长大了，觉得很多事情必须进行专门的记录和思考，于是就有了写日记的习惯。

2.5.2　日记的内容

日记可以写什么？整理了一下，大概有以下四方面的内容可以写。

（1）记录自己的生活

记录自己每天或者最近一段时间都完成了哪些事情，自己做了什么，还有什么没有做。这种记录可以更好地帮助自己安排近一段时间的生活。有的人喜欢提前一天把自己第二天要完成的事项都列出来，这也是一种很好的自我管理方法。

（2）整理自己

当记录下自己当天或近一段时间的学习和生活之后，同时也起到了对自己生活的整理，在整理的过程中也会通过思考和自己的思想对话。所以不妨通过定期写日记，总结一下自己最近的情况，可以是对学习的反思，也可以是对生活的思考，经过对发生的事情的整理，会对自己将要发生的事情有个更好的规划和认识。

（3）助力成长

当你发现自己有困惑、纠结的时候，不妨把这些烦恼事转换成文字写出来，写的过程就是整理思考的过程，通过整理，会更理智地思考问题，把烦恼变成对自己的解剖和分析，可以更好地帮助自己成长。写的过程可以按照三段论的方式来完成：明确自己的烦恼是什么，为什么烦恼，解决烦恼的方法有哪些。

（4）情绪发泄

心理学在情绪调节上有很多种方法，其中一种就是通过写来完成。当你有不好的情绪的时候可以尝试把不满、难受，甚至痛苦写出来，写完后可以撕掉或者烧掉，这种方法可以帮助你减轻负面情绪带来的困扰。

下面要强调的是，写出高水平日记的两个关键点。

2.5.3　高水平日记

（1）不仅"记"，还要"析"

日记记录的是最真实的生活，能为成长积累大量的生活素材。但只拥有素材还不行，还要学会提炼和挖掘，看出素材背后的意义。因此，写日记除了记下发生了什么之外，还要分析一下发生的事情的意义和价值，让自己能够通过日记找到一条成长之路。

（2）学会在"珍珠"中选择"珍宝"

生活中偶然遇到有意义、有意思的事及时记录下来，自然值得高兴，但有时我们会发现，每天发生的事太多，而且事与事之间往往缺少联系，每件事都要想想有什么意义，不仅累，而且由于思考的问题太多，很难想得更深入。此时，还要学会聚焦，对于生活中很多的事情，要学会用发现的眼光找到对自己成长有帮助的主题。

2.6　运动的好处

一个个子娇小的大二女生，在某天晚上跑步后写下了这样一段话："跑步对我而言是什么呢？是发泄，是静心，是喧嚣中的一个浅浅的笑容。一切都会好的。"话虽然不长，却道出了跑步锻炼的各项益处，从情绪管理，到文学视角，再到乐观主义，都被其一一提及。今天我们要说的便是锻炼习惯对一个人的好处。

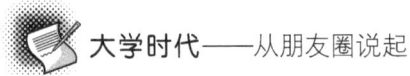

好久都没见到大操场的夜景了。跑步对我而言是什么呢？是发泄，是静心，是喧嚣中的一个浅浅的笑容。一切都会好的。

2.6.1　生命在于运动

有句话叫作"生命在于运动"，从百度上发现，这句话的出处来自于法国思想家伏尔泰。伏尔泰这人可是大名鼎鼎，他喜欢很多运动项目，80多岁时还能爬山，他崇尚的是一种运动的生命观。著名的喜剧演员宋丹丹和黄宏在曾经表演的一个小品中也为"生命到底在于静止还是在于运动"激烈地争辩过，最终的结果当然是生命在于运动。为什么这么说呢？

组成人体的细胞只有在运动的过程中，才能帮助我们身体系统输送血液、输送各项营养物质，让我们能够维持在一个新陈代谢的循环当中，保持机体系统的健康性，这种运动的状态是生命存在的本来要求。因此运动更符合人的本来需求。所以我们要让自己的身体在一定程度上保持运动的状态。

现代社会需要人付出体力运动的行为方式越来越少，越来越多的人都是坐在写字楼里、办公桌旁、电脑前度过一天中的大部分时间，真正动起来的时间并不很多，这不符合人体运动的需求。所以需要我们有意识地通过主动的身体锻炼，让身体机能保持在一定的运动水平上。

运动确实可以起到一些心理调节的作用。比如像刚才那个女生说的，可以发泄情绪。人吃五谷杂粮，难免会有七情六欲，今天会有不开心的事情，明天会有打不开的心结，后天可能会挨批评，大后天可能会跟宿舍同学吵架。这些负面的情绪就会产生一定的负能量堆积在体内。此时运动就是比较好的一种排泄身体负能量的方式，通过锻炼出汗，让肌肉变累的同时，把身体的负能量通过汗水、疼痛等方式排出体外。再比如运动可以让人静心。因为运动本身可以让人的大脑始终在一个高频率重复的动作环境中，不需要消耗太多的脑细胞，这时大脑就可以用来思考一些平日里嘈杂环境中不容易思考清楚的问题。而通过在一个简单、单调的环境中大脑的积极思考，可以看到解决问题的突破口，从而让劳累的身体得以放松、疏解，所以可以静心。当你的心宁静下来之后，眼睛看到的世界也会变得美好起来，烦恼也会减轻不少。所以运动可以极大地缓解心理紧张、焦虑等情绪。

2.6.2　小小改变，运动出发

大学生的作息制度相对宽松、自由，有时可自主安排时间，这时人容易变得放松，甚至放纵。但是有规律的体育运动，对于保持规律的学习生活意义重大。比如早晨起来跑步的习惯看似虽小，但可能会如蝴蝶效应般产生一连串的积极效应。早起，就能保证自己有比较从容的时间去吃早饭，养成了一个很好的健康习惯。早起就能保证上午课都能去上。早起还能保证晚上的早睡，如果每天早起一定会很困难，但是你又特别想坚持的话，那么逼自己一下，你自然会努力让自己尽量早睡。这种一连串的效应，会让你的大学在一条积极健康的轨迹中度过。没有规律的生活是大学生的一个劲敌，会让你曾经的梦想、雄心勃勃的计划都化为灰烬，而自己在虚度中把光阴白白浪费掉。只需要改变一个小小的习惯，可能就会让你找到出发的地方，不忘初心，追求梦想。而这个小小的习惯，从运动开始不失为一种很好的选择。

一个人无论想做成什么事情，都需要有一颗勇于坚持的心。坚持，再坚持一下的勇气，往往陪伴人走到了最后。如果想提高自己坚持的能力，就从养成一个运动的习惯开始吧。运动对于每个人来说是较易于完成，容易短期内看到效果，又比较容易做到的事情。

如果你喜欢一个人的感觉，或者不惧怕单调的跑圈，那么就去跑步。你如果喜欢团体活动，那么就走到球场上，和同学们一起打打篮球、踢踢足球。你如果不喜欢太剧烈的，就可以从瑜伽开始，太极也是不错的选择。总之选择自己喜欢的又适合自己的一项运动项目，然后就开始制定目标，并尝试坚持达成目标的要求。

运动的强度和频率也要根据自己的身体条件来判断。其实大部分人的心脏都能经得起自身的考验，不必太惊慌。但是也千万不能太盲从，别人怎么样，一定代表自己也应该达到什么程度是错的。运动量不是越大越好，对于许多不太爱动的人，并不建议运动量十分剧烈的、让呼吸变得非常急促的那些大型运动，完全可以通过瑜伽、太极等柔和些的活动，来达到舒展筋骨、强身健体的作用。美国生物学家通过对小动物的研究，推断某些基因特征可能会影响到人是否积极锻炼并保持活力。

密苏里大学兽医学院的教授弗兰克·布思（Frank Booth）与博士后研究员迈克尔·罗伯茨（Michael Roberts）成功选育了表现出极端好动或极端懒惰特征的大鼠。罗伯茨和布思在研究中将大鼠放进带转轮的笼子里，并测量它们在 6 天之中的主动奔跑量。随后他们让跑得最多的 26 只大鼠互相繁殖，让跑得最少的 26 只也互相繁殖，重复了 10 代后他们发现，"爱跑"系大鼠的主动奔跑量比"懒惰"系的大鼠多 10 倍。

研究者们测定了这些大鼠肌细胞中的线粒体水平，比对了身体组成，并通过对每只大鼠进行 RNA 深度测序，对其基因进行了全面评定。在大鼠大脑某区域里的 17000 个不同基因中，识别出 36 个可能影响到体育锻炼动力的基因。在识别出这些特定的基因之后，科学家们计划继续研究，探索每个基因对体育锻炼动力的影响。

他们的研究已于 2013 年 4 月 3 日发表于《美国生理学杂志：调节、整合与比较生理学》。

所以，现实社会中，有的人可能天生喜欢运动，有的人天生不太喜欢运动，这是普遍存在的现象。但是无论是否喜欢运动，都应该让自己的身体机能通过某种运动保持一种"动"的状态，所以要找到一种适合自己的运动方式。

运动一定不能让自己太累，当你有很累的感觉的时候，运动量就是太大了。每次的运动有没有微微出汗，是否打开了自己的汗毛系统，呼吸有没有太急促就是判断自己运动够不够的方法。

2.6.3　运动是否伤害身体

当然，各项运动都对自己身体不同的部位提出了高要求，频繁的使用、过度的使用都有可能让自己身体的相应部位受到伤害。比如有的人跑步膝盖跑坏了，打网球成了网球肘，打篮球骨折了，等等。这些潜在的风险，有时候会让人害怕运动。但其实即使你不运动，随着器官慢慢地退化，也会产生一些健康的问题。所以不能因噎废食，就不敢运动了。对待运动中可能对身体造成伤害的问题，要做的就是不要被这些吓倒，锻炼前充分地热身，锻炼中有一定的保护手段，锻炼后及时放松和保养，这样就不会有那么大的伤害性。而且即使身上已经有了伤害，也不用太害怕，一定注意运动量适度，在能够让自己身体细胞动起来为标准的前提下，尽量不要太劳累，适度就好。

2.7　克服惰性

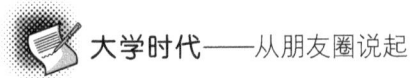

"这天真想缩在被窝里不起"这条朋友圈是一个长期保持运动习惯、总是在微信里晒健身的一个大男孩在某天天气很冷的时候写下的。这条朋友圈所要表达的是一种想偷懒的情绪。

2.7.1 惰性，人之本性

懒惰是《圣经》中所述的七宗罪之一，从这个角度上至少说明懒惰是一个人比较本能的需求。这是人内心的驱动性心理，当不被外界约束时，人的本性是希望偷懒的。当有外界约束时，自我管理机能就会正常发挥作用，告诉人们必须克服偷懒这个敌人，依靠自己的勤奋努力达成自己的目标。

但是在勤奋前进的道路上，人总是会有偷懒的需求冒出来。

2.7.2 懒惰源于压力之下的一种逃避

懒惰源于人的心理的一种懈怠。很多大学生都会经历这样一个阶段，从小学到高中努力学习十余载，尤其是经过高三备受折磨的阶段后，来到大学，都会在目标达成后一度有想偷懒放松的念头和行动。有的人很快就在大学校园中适应了新的生活，找到了新的目标，所以仅仅是一时放松、懈怠后很快就重新开始前进。但是有很多人一放松下来，就很难找回自我约束、勤奋前进的状态，进入了一种懒散放松的荒废阶段。这种同学大半因为没有了目标，忘记了追求梦想并害怕为之付出，当能够约束自己、激励自己的目标和梦想无法支撑你自己的时候，懒惰的念头就占了上风。慢慢地也就进入了一种懒惰荒废的状态。

懒惰源于压力之下的一种逃避。长期在某种高负荷状态下的人，就会想着逃离、偷懒。一个人如果不能正确看待压力，总是无法学会在过程中快乐、轻松地去应对，就会让自己的心总处在疲劳的状态下，管理人情绪的神经系统就总也得不到充分休息，那么当这种高压状态持续时间比较长的时候，就会产生逃避的想法。这种想逃离精神疲劳的想法多半表现为想偷懒、想放纵。

懒惰源于对无效、低效率的一种躲避，也是自我的一种保护。记得一位同事有一次在讨论会上分享，当工作处于一种无序状态时，偷懒也是一种工作方法。想想说的也还颇有几分道理，当你在无序的工作中，被低效率不断骚扰的时候，不妨偷懒一下，停下来，看看再做打算，不要被无效的工作搅乱心情，懂得适时放手。

2.7.3　对付偷懒

对待懒惰这个敌人的妙招有很多，基本上是从心理上调整、行动力上提升。

如果偷懒是源于懈怠，那么可能需要从心态上调整的更多些。每个人都想追求卓越，想得到好的结果，必然需要在过程中付出努力和行动。很多人也许明白，但是做的时候却没那么给力，那就需要先静下来思考清楚前进的方向。第一，需要有愿景，要想清楚自己想要的是什么，未来的生活追求是什么。也许有人会说，我现在怎么会知道我未来想干什么呢？未来要做什么今天想了也没有用，计划赶不上变化，随时可能变啊！这些理由都是对的，可能你想不清楚，可能你赶不上变化，但是不代表不应该想。大海航行必须有个目标牵引，火车跑起来必须有个目的地，中间可以有变化，但是大的方向指引应该是明确的，这就是人要想清楚自己的长远目标——我称之为愿景的东西。愿景是个大致方向，可以随着你的成长、环境的变化而变化。第二，需要有目标。愿景是长远的，目标就是在可控范围内给自己制定的阶段性结果，是可以达到的、易于实现的，也是为未来愿景做积累的过程性结果。第三，需要在愿景和目标指引下，找到方法，这个方法就是坚持，为了实现目标，努力去做。当你能做到这三点的时候，你想懒惰的时候就会有所忌惮。

如果你的偷懒源于对压力的逃避，对低效率的躲避，这时的偷懒便是一种良性偷懒，对自我成长有调节作用。人是需要适度偷懒的，当累得不行的时候、无序的时候可以让自己暂且停下来，放下身边的事情，偷个懒，放松一下。不过偷懒的时候，也要学会积极思考。

（1）要学会微笑

笑可以让人的大脑分泌很多快乐的要素，让自己心情得以放松，所以

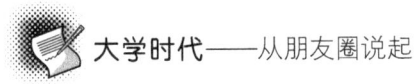

当你偷懒的时候不妨看看笑话，和别人聊聊天，做一些能让自己开怀大笑的事情。在生活中让自己总是保持一颗微笑的心，用笑让自己紧张的情绪放松。

（2）做一些难度很小或者是你最爱干的事

以偷懒的方式放松的时候，最好做一些自己最喜欢干的又比较容易完成的事情，这种放松的效果很好，可以让自己在短时间内获得成就感，赢得开心，获得积极效果。但是做这件事时，最好也给自己设定一个时间界限，比如喜欢玩玩游戏放松一下，那么就给自己设定30分钟的闹钟，就玩30分钟，之后就结束。这样才能保证这是偷懒和放松，不是沉迷，不是浪费时间。

（3）要保持乐观的情绪，不要动不动就生气

有的人很敏感，很多事情都会带来思想和情绪上的波动，这种敏感有的时候是好事，可以让你更加周全地思考，但是有的时候是坏事，让你的神经总是处在波动中，容易分散注意力。

（4）学会肯定自己，勇敢地把不足变为勤奋的动力

学会时常地鼓励一下自己，在每次目标实现的时候，记得肯定一下自己，这是继续前进的动力。如果总是在无休止的忙碌中，不知道停下来犒劳一下自己、奖赏一下自己，很快就会很疲倦，反而这种负向情绪会影响继续勤奋的动力。

这种放松、偷懒其实很多时候也是一种积累和提升，用一种偷懒换来另外一个方面的收获，这种偷懒是一种良性偷懒。

2.7.4 学习偷懒

有一种人，事事都要追求完美，活得很累。这种人也要学会偷懒，学会积极地偷懒。人不可能十全十美，很多事情也不可能做得十全十美，如果在过程中你每一步都很努力、认真对待，那么当结果不尽如人意的时候，就不要过于强求，这时有偷懒的想法就很必要啦。所以那种对过程和结果都要求完美的人就要学会在面对结果的时候偷懒。但那种对过程允许

疏漏而对结果苛求的人的要求却相反，这种做法是要不得的；对过程是不允许偷懒的，要尽量努力并完美地完成，不留有一点遗憾。还有一种人是过程不追求完美，但是希望结果是好的，这种可能性很小，有点空中楼阁的感觉，也是要不得的。最好的行事风格应该是，过程中提高要求，尽量做到最好，到结果的时候学会偷懒，不要要求太高。

2.8　偷懒，也需要理由

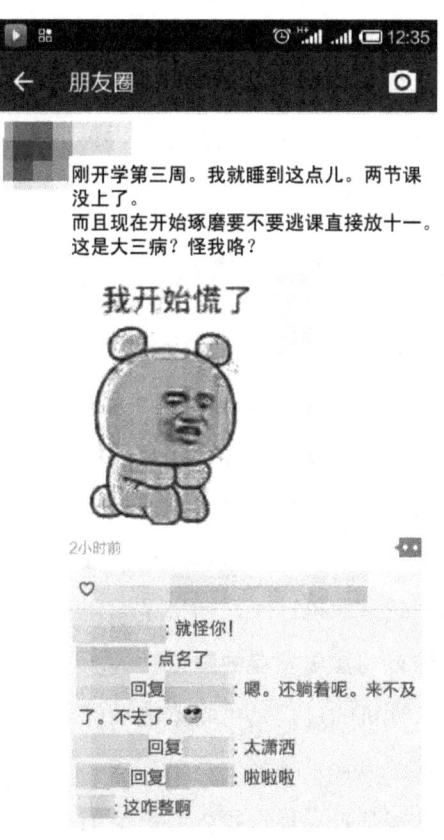

　　这是大三学生在大三上学期第三周时发的一条朋友圈。大家肯定都看出来了，这家伙逃课了，没去上课。翘课就翘课呗，可是他却给自己找了一个借口——"这是大三病？"，怀疑自己得了"大三病"。

2.8.1　大学生的"大二病"

"大三病"，这个说辞的来源，还要从"大二病"说起。"大二病"，在学术界被称为"二年级低落"，在欧美国家的高校被称为"大二低潮"现象，就是指大学生进入大二期间，在学业、思想、感情、人际关系等方面出现各种问题的高潮期。《中国教育报》在 2014 年 3 月 25 日刊登了题为《"大二病"找准病灶用准药》的文章，并指出"大二病"的具体表现为"挂科、翘课、睡懒觉，学习松懈，学业陷入低谷，专业发展迷茫……"概括说，就是"对大学的新鲜感少了，失落感重了，缺课的多了，挂科的无所谓了，学生之间的差距越来越大了"。案例中的学生大二的时候经历了学校针对"大二病"开展的一系列活动，进入了大三，不去上课的时候竟然给自己找了这样一个理由。

2.8.2　偷懒，为什么需要理由

人为什么偷懒也需要给自己找个理由呢？人们给自己的行为找理由和借口，这是源于人的需要。每个人处在社会关系当中，需要和不同的人接触，那么所有的行为都需要按照社会的一套逻辑来解释，这样才能够在社会进程中不迷失自己，这个解释的过程就是找理由、找借口。只要发生了的行为就需要有找理由、找借口的过程。这个找理由、找借口的行为在心理学中有个对应名词就是动机。所谓动机是驱使人从事各种活动的内部原因，是人们给自己的行动找出发点的解释。

首先，这个寻求动机的过程是生物本能的需要。人生来就是一个思维动物，在思维的过程中包含了很多的本能需求，比如说吃喝拉撒、寻欢作乐、积极向上等，这些都是满足一定内心需要的本能动机，给自己的行为寻找合理解释也是一定本能驱动。其次，寻求动机也是人的一种需要的满足。这种需要可能是一种生物特征带来的需要，以此来驱动我们的活动，也可能是一种社会化的需要。比如说我们想优秀，我们不想低人一等，我们想有个好工作，我们想挣大钱，这些也会驱动人的行动。

　　从一定意义上来说，人的每一个行动都需要找到一个理由，驱动自己去完成这个行动。所以我们偷懒的时候也要给自己找个理由，以帮助自己解释这个行动的驱动力。在做不好事情的时候，这个驱动力往往能帮助我们减轻对自己偷懒等行为的自责和内疚感，降低不安和焦虑感。这个驱动力往往会把原因归咎于外在的不可控的原因上，就像这个学生说他得了"大三病"，那这个找理由的心理就可能成了很多人的症状，从而减轻因为翘课这种行为带来的自责和不安。

　　我们想做件好事、想积极向上的时候也需要一个理由和借口。比如，周围的同学都玩游戏，而我不想玩游戏、想好好学习，也需要给自己找个理由，就会说："游戏真没意思"。这种找理由的心理更多的是源于自己偏离群体的恐惧。人本能需要安全感，大多数人都希望自己表现得跟别人差不多，当感觉自己和别人不一样的时候就会产生一种恐惧和不安感，心理学把它叫作偏离恐惧。所以人想优秀、想与众不同的时候也必然会给自己找个理由，减轻自己这种偏离恐惧的不安感。

　　总之，每个人都会因为一些自己可能无法完全描述清楚的动机驱动而给自己的行为、行动拼命找个理由和借口。所以人与人相处的时候，自己与自己的内心独处的时候，都会有找理由的行为。请尊重自己找的那个理由，也尊重别人找的那个理由。

　　这种动机和理由对于一个人的成长影响作用非常大。人能不能做成事情，不仅仅是能力可否达到，很多时候是想不想做这个事情。惰性是人之天性，谁都愿意天上掉馅饼，数钱数到手抽筋，但必须努力让自己通过行动得到收获。当一个人愿意去积极行动的时候，就是进步的开始。当你还没有行动的时候，往往是因为你还没给自己找到一个真心想做这件事情的理由，也就是动力不足。所以当你还没有做什么事情的时候，不要把借口定性为我懒、我管不好自己、我起不来，那是因为你内心的声音没有说服你："这个事情是你想做的，你得去做"。所以我们每个大学生都应该努力去想想：想要什么、要做什么，当你想清楚的时候，你的驱动力就会产生了，因为有了驱动力，行为才有动力。

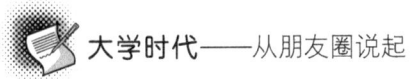

2.8.3 清楚自己想要什么

如何想清楚自己要什么呢？那就要找到自己的目标和定位，想清楚自己想要去的方向。可能很多人都会说："想不清楚自己该怎么办啊？""计划赶不上变化，想了也没有用。""人活在当下就好，干什么想那么多呢？"如果你自己很积极地生活，没有荒废时光，那不想也可作罢。但是如果，你每天不知道做什么好，觉得生活很没意思，那就需要想想自己究竟想要什么。想清楚了这个问题，就可以让自己的生活变得有意思起来。

怎么想清楚呢？每个人要时常想想自己未来的样子，我们称之为倒推畅想法。当你不知道自己当下想干什么的时候，不妨拿出一张白纸，准备一支笔，然后开始认真想想自己希望自己 30 岁的时候是什么样子，再把这些认真地写出来。最后用逆推法，来一步一步分析自己想要达到目标缺少的是什么？现在能做的是什么？如果你能把第三个问题回答出来，那么你就完成了找寻自己当下的目标和定位的工作。

有了目标定位，就给自己制订一个小的计划，让自己逐渐接近目标。网上有个帖子叫作"扎克伯格为提高员工工作效率，亲自做了 26 张 PPT！"其中有一条就是说：把不切实际的任务分割成合理的小任务，只要每天都完成小任务，你就会越来越接近那个大目标了。

把自己的时间也切割成小段，你就会慢慢接近目标。

2.9 读书

这位大三的女生在某一天的早上，发了这样一条朋友圈："前人走过的路，好多值得学习。2016 年第一本书。"这个叫晴的女生说出了读书的价值，从读书中学习他人。之前讲到榜样的力量，其实读书也是一种榜样力量的寻找，正如这个女生说的，书中有很多值得学习的。

2.9.1　读书中感受榜样

先来讲讲读书时如何去感受榜样。我想这个问题其实是需要回答以下这个问题：向书中榜样学习的路径应该是怎样的？很多人喜欢读书，喜欢进入到书中所勾画的角色，希望自己能够按照角色的方式做事做人，其实读书就是人在书中找寻自己。比如有的同学看历史传记、名人著作，就想模仿书中人物的行为方式。向榜样学习一定要注意以下几点，向榜样学习不是简单地走他们曾经走过的路，而是要学习榜样人物的素质和能力，要从书中找到他们取得成功的、深层次的、可以模仿的要素，比如意志力、行动力等。

下面我们回归读书本身的话题。

2.9.2　读书的理由

第一种是为了学习知识。我们从小学到大学修读过很多课程，也因此读了不少的书。这种读书是目的性最强的一种读书方式，现代社会每个人都经历过这种读书过程，少则十几年，多则二十几年。第二种是为了写东

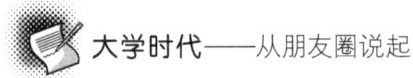

西。学习某门课程需要写论文，大学毕业需要写论文，工作以后要写报告。写东西都需要有一定的阅读量积累，这就需要读书才能完成。为了写东西而读书有很强的目的性，读过之后希望马上能够为己所用，用这种方式读书会针对性非常强地选择图书的范围和内容。第三种是因为有兴趣和乐趣。读书达到这种境界之后，人就开始真正享受书中的内容，通过读书丰富的是个人内心，发现的是个体的乐趣，很多生命的意义在读书过程中得以思考。为了人生的乐趣、生命的需求来看书的人越多，社会就会越发达，人的进步程度也越高。

2.9.3　读书的赠予

读书能带给我们什么呢？读书能带给人的东西太多太多，所以有句古话叫作"书中自有黄金屋"，可以从书中发现"黄金"，这是何等值得珍惜的事情。读书除了能给我们带来知识与"金钱"，其实带给人更多的是自我的成长。通过读书，人们学习他人且发现自己，通过反思别人来达成与自我的对话。在读书的过程中你可以思考很多具有人生价值及意义的命题，你会养成一种属于你自己的思考问题的习惯，学会一种属于你自己的解决问题的方法、面对人生的态度。因此，读书带给我们的是全方位的成长。

2.9.4　选书之法

那该如何选书呢？一般来说首先要选择和自己专业相关的书籍，多多去阅读，通过读书让自己专业思维的模式更有深度。其次，选择读什么样的书，这跟个人的爱好有很大关系。所以选择书之前，每个人首先要明确自己的喜好，自己喜欢什么、不喜欢什么，还有什么是自己不知道、说不清的。选书时和上述三类相关的书都应该去选。和自己喜好一致的、对自己有实质帮助的一定要多多阅读，让自己在某个方面能够真正做到深耕细作；和自己喜好不一致的，也要留出一定的时间去阅读，通过了解书中的内容，保证让自己的很多思想不被局限和控制；对于自己不了解、说不清的，也要找时间去看，通过开阔眼界可能会弥补自己其他方面的不足。所谓开卷有益就是讲书只要读了就有好处。所以读书一定要广泛涉猎，通过读书把自己有限的目光拓展到无限的世界中去。

2.9.5　读书之法

如何读书？读书需要精读和粗读相结合。

现代社会知识更新快，每天都有很多很多的新事物，所以人要通过读书来与时俱进，了解更多的知识，这样说来，读书需求量很大，需要采用粗读的方法，来粗略地获取信息，完成与时代脚步的同步。对于粗读有很多种方式，可以跳读，简单地翻看自己喜欢的章节和想了解的内容，对于已经了解的或兴趣不大的章节就不看、跳过。也可以略读，借助于书的目录先了解书的大概结构，然后根据章节题目搜索全书的重点内容来阅读，略去那些描述细节的信息。还可以采用速读加通读的方式，拿到书后快速地翻看全书，对于不了解、不懂的内容也不用过于纠结，旨在抓住全书的大意即可，通常可以一目十行地阅读。但是精读就完全不同了，需要认真仔细地制订阅读计划，对于书中的内容要仔细理解、慢慢体味，还要记好笔记，以便日后需要的时候备查。

读书还有一个问题就是做好读书笔记。读书读到脑子里的只是很少很少一部分，其他的还是需要做好阅读笔记，以备需要时查用。所以一定要利用各种方式做好阅读笔记，笔者做阅读笔记的心得主要有三点：第一，一定要记录阅读时间，不同的时间段阅读相同的东西会有不同的感想，所以做阅读笔记首先要记录下是什么时候读的书、什么时候写下的感受；第二，阅读笔记可以分类记录，比如专业类的、生活类的、社会学类的，根据自己的喜好，在阅读记录里面用 Word 中的样式做出恰当的标记，以便日后索引；第三，记录可以抄下别人写得好的东西，但是更重要的是写下自己的心得感受。其实有一种阅读方法叫写读，等你看完了书你再用自己的语言写下来，这样不但可以帮助记忆，而且有一天需要用的时候就可以拿来直接使用。

2.9.6　大学生选书技巧

作为大学生该如何选择要读的书呢？在这点上笔者的心得是，开卷有益，有条件的情况下什么书都要拿来读读。作为大学生相对有比较多的自由支配时间，真应该好好利用一下学校的图书馆，尽量多去借书、看书。同时在选择读什么样的书之前，要对自己的喜好有比较清晰的认识，对于自己喜欢的书当然可以多看、精读，但是更要知道自己不喜欢看的书是什么类型的，要有意识地读读这些类型的书，这样才能让自己的知识体系尽量完整、不偏颇。如果非要有一个选择标准的话，就是经典的书会相对好些。经过几十年乃至上百年的大浪淘沙，能够留下的书一定有它的道理所在，要不然不会被一代代人传承下来，所以读书还是以经典书为主，畅销书、当下书为辅比较好！

最后，最想补充的一点就是读书是一种习惯，只有养成了阅读的习惯，才能真正地体会到读书带给人的巨大益处，才能发现书中的"黄金屋"。所以可能的话，从现在开始，每天哪怕就读 10 分钟，也要坚持下去，每天 10 分钟，一年就是 3650 分钟，就是 60 个小时啊，积少成多，水滴石穿，从量变到质变的过程就只需要两个字：坚持。

2.10　应对考试

对于大学生来说英语四六级考试是个重要考试，帖子中这个女生在六级考试前写下了这句话"明天就要考六级了！然而我到现在只知道词汇表上的第一个词是 abandon"。当然，一个要考六级的人绝对不可能只认识一个词，她如此写只是想表达一种自己什么都不会，想放弃的心态。这种表达流露出的其实是考前焦虑，是人在面对自己认为重要的事情之前的一种自我保护机制的激活。下面我们就来说说如何应对考试。

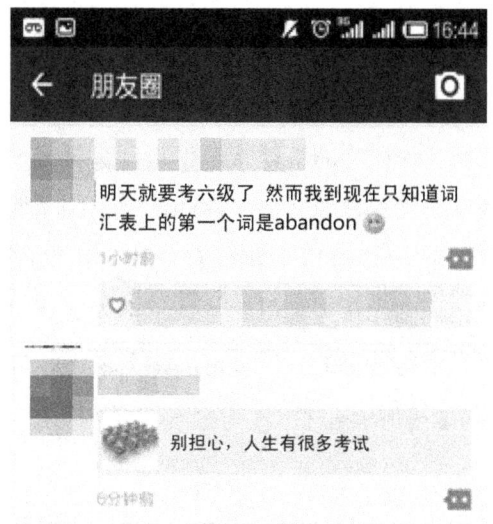

2.10.1　考试面前焦虑平等

人生有很多考试，从小到大的期中考试、期末考试，小升初、中考、高考，一直到大学的期中、期末考，四六级考试，各种证书考试，等等。每个人都经历过无数次的考试。一次次的考试就决定了你的每一步发展和最终的走向。人们对每一次的考试都有一定的评价和认识，比如这次考试对自己是否重要，自己想在这个考试中取得怎样的成绩，通过考试想达到怎样的目的。这样的认知都会唤起人的自主神经系统对这个考试的一些反应，这些反应通过神经系统的神经元传递，就会产生一定的情绪，比如焦虑、紧张、兴奋、激动等。一般而言，人们在认知水平上认为越重要的考试，神经系统的兴奋水平也就越高，调动的情绪也就越复杂。

所以除非你觉得你要经历的考试不重要、无所谓，否则你的大脑就会唤醒你的神经系统，产生一系列反应。当你要面临重要考试的时候，紧张、焦虑是必然产生的情绪特征。我们不能通过认知告诉大脑"不要紧张，不要着急，不用焦虑"，因为这个无效，这是神经系统自发激活的应对你感觉知觉系统的功能。这其实是人的一种保护机制，当感受到紧张、

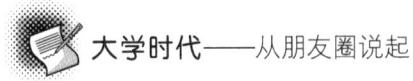

焦虑、恐惧等情绪时，大脑才会产生一系列的其他神经传导信号，比如告知运动神经系统要逃跑，要开始学习，要去看书，等等。

所以，当面临考试时，你有了紧张、想放弃的念头，并不可怕，这是神经系统的正常信号，说明你的精神状态很正常，试想一下一个人碰到一个凶险的环境，大脑不能正常地启动，神经传输系统不能告诉你这个你要害怕，它可能就无法继续传递这个环境有危险、你得逃跑等一系列信号了。所以面临考试，面临你认为重要的考试，产生紧张、焦虑情绪，恰恰说明你很正常，这是值得恭喜的一件事情。接下来不是告诉自己"不要紧张"，因为这不是你能控制的。

2.10.2　控制焦虑方向可以不同

你能控制的是在神经系统自己激活一套保护机制以后，又进行新的认知加工，继续给大脑传递新的神经系统信号。接受这种紧张、焦虑情绪，然后重新解读这种信号，让它们向另外的方向发展。

首先你要明白：适度紧张焦虑有助于复习备考提升效率。当你紧张和焦虑的时候，激活的是你的交感神经系统，它可以让你大脑兴奋水平更高，应对神经系统认为的危险环境。这个时候你如果记忆或者行动，效率也会更高，记得也会更牢，所以紧张的时候不要想着不紧张，而是赶紧利用这种状态多学一点、多背一点。俗话说临阵磨枪不快也光，其实就是说这个时候你的高效率学习的大脑，是可以应付一些紧急的小知识点的。你可以找到平时总是记不牢的、容易弄混的知识点，这时候来记一下，进入考场前再看看，等到上了考场，拿到试卷先把这些知识点写在试卷旁边，等到考试需要提取时就可以直接用了。虽然这些知识点只是临时"光"一下，考完也许就忘记了，但是足够备战考试了。

另外，有的人因为紧张和焦虑可能会睡不着觉，结果又导致新的担心。这个应该换一种视角看问题，正因为唤醒了你的神经系统，所以才睡不着，这种兴奋足以支持你的大脑正常运转，保证完成考试的。所以睡不着就睡不着，能睡多久就多久，不用太担心考场上会睡觉的，因为兴奋的神经系统不会让你睡着的。不用担心，人 72 个小时不睡觉都是没有问题的，所以兴奋了睡不着觉不一定马上就对大脑有损伤，就伤害到你的记忆力，存储在长时记忆的知识都还在，只要你坦然面对，都能提取出来。

当然还需要说清楚的是，考试只是把自己会的知识点表达出来，对于大部分人来说，你可能并没有把所有的知识点都学会，所以考 100 分是很难的。对于一个人要面对的很多考试来说，你会发现不是说要考 100 分，而是要考到一定的分数就行了，越简单的考试可能要求的分数越高，比如小学考试考 100 分的机会就很大，但是随着长大，考 100 分的机会就越来越少，等到研究生考试的时候你甚至发现考 60 分就有机会了。大多数的考试都是选拔性考试，要从很多人中选出一部分胜出者，一般达到中上水平就有很大的胜出机会了，不是非要考第一、做状元才是胜出。看到卷子中不会的知识点不用害怕，要紧的是，你会的一定要做对，拿到分数，这是最后胜利的保障。

有些人一进入考场就感觉自己大脑空白，而且自己越看重的考试，这种现象就越严重。这该怎么办呢？大脑空白是什么？其实是认知唤醒的神经系统的兴奋，使得紧张、焦虑、担心的情绪激活水平太高，这些情绪占据了脑细胞，大脑就没有工夫去回忆知识点、去找解答题目的那套神经传导系统了。所以这个时候你要知道，我唤醒了太高的神经兴奋，给自己点时间休息一下，闭上眼深呼吸一会儿，慢慢让这部分神经系统放松下来，留点空间给解决问题的那部分，等慢慢放松下来，就好了。记着磨刀不误砍柴工，等到这部分神经系统放松下来后，再把自己会的知识都写出来，就完成考试了。对于这样的同学，需要接受现实，因为放松过度兴奋的神经系统也是需要时间的，所以你可能会比别人少了点时间而已，但是如果能够准确地把自己会的知识点表达出来，可能也不会差到哪里，也有胜算的机会。

2.10.3　重新审视学习的目的

最后，还想说说，不同的学习目标会影响人不同的学习付出，影响你考试中正确地回答你掌握的知识。所以我们也要了解一下。

美国著名教育心理学家奥苏伯尔认为，学生的学习动机由三方面的内驱力所构成：认知内驱力（以获取知识、解决问题为目标的成就动机）、自我提高内驱力（通过学习而获得地位和声誉的成就动机）和附属内驱力（为获得赞许、表扬而学习的成就动机）。一个人的求知欲越旺盛，从自尊心的角度上越想得到别人的赞许和认可，则他在有关的目标指向性行为上就越想获得成功，其行为的强度就越大。因此，不管是旨在获得知识、能力，或者是旨在获得良好的地位、声誉，学习目标定向越明确，个体学习行为的积极性将越高。一个没有学习目标的人，在学习上是缺乏进取性、主动性、自觉性的，即使获得好成绩，其成功感也不强。

不过，不同的学习目标定向，学习动机的推动作用还是有些差别的，在学业成绩上也会有一定的差异，这已经被研究证实。其一，以获得知识、能力为学习目标的个体在乎的是自己在学习中学会了多少知识，获得了哪些能力。当他们遇到困难时，会不断地尝试以求解决。在这一过程中，其学习动机进一步增强，学习成绩又得以提高，这来之不易的成功会让其有更强烈的愉快体验。其二，以获得赞许、良好声誉等为学习目标的个体，则更多地选择回避挑战性的学习情境，以避免失败或较低的学习成绩。尤其是那些自我能力归因较低的个体，当遇到困难或遭遇失败时，学习态度会更加消极。因此，明确而合适的学习目标定向，有助于激发个体的学习兴趣，获得强烈的成功体验。

2.11　结果和过程谁重要

一个美女同学在做一个大作业的时候，写下了一句话："完成一件事

的时候，内心是愉悦的。"为什么要分享这句话呢？是因为觉得她诉说的这个道理还是很对的，人要学会享受过程。

2.11.1　享受过程

享受过程，精彩每一天。生命是一个过程不是一个结果，无论怎样的过程，结果都是一样的，所以说人的差异就在于过程如何。生命是一个括号，左边括号是出生，右边括号是死亡，我们要做的事情就是填括号，要用靓丽多彩的事情、心情把括号填满。云南有一个古城，气候宜人，土地富饶，物产丰富，人们生活悠闲，节奏慢悠悠的。有一个英国绅士看到这里的人们生活悠闲，就问一个老太太："夫人，你们这里的人生活节奏为什么是慢悠悠的？"老太太说："先生，你说人最终的结果是什么？"英国绅士想了想说，是死亡。老太太说："既然是死亡，你忙什么？"生命是一个过程而不是一个结果，有人看透，有人看破。学会体会过程，可是偏偏就有人找最讨厌的地方去体会，这个世界总会有阴暗面，阳光从天上照下来的时候，总有照不到的地方。如果你的眼睛只盯在黑暗处，抱怨世界黑暗，那只是你自己的选择。

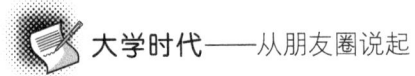

人其实是一种很奇怪的动物，如果整日闲着，你会觉得生命缺少了色彩没有意思；但是如果你非常忙碌，忙碌到没有空闲的时候，你又会抱怨生活没有了生机。享受过程其实需要的是调整自己的心态，无论面对怎样的外界环境，都需要去享受生活给予的这份过程。

2.11.2　大学的忙碌

大部分时候，享受过程一般可用于面对忙碌的情境中。现在的大学生生活并不轻松。每个人在进入大学之前或多或少都听说过一个关于大学最大的谎言——高中老师会告诉你："大家现在一定要辛苦下，全力以赴备战高考，等你考上大学就轻松自由了。"这个最大的谎言虽然帮你度过了高三的困难时光，但是也给大学的学习生活蒙上一层阴影。来到大学面对和想象的不一样的生活时，无法很快地进入另外一种紧张生活的同学大有人在。但其实大学生活怎会轻松，这里要让你学会进入社会前的各项技能，包括学会未来求生的专业技能，这些对于时间的需求都不是一个小数字，所以大学生活必然是忙碌的。无所事事不忙碌的大学生活是对自己不负责的学生们选择的一种逃避的生活状态而已。有个大学生曾经对他的大学生活如此描述："面对这份忙碌，更需要我们学会享受过程，这也是未来社会生存中需要锻炼的一种能力。"

想做到享受过程其实并不是一件很容易的事情，需要我们从改变传统的思考模式入手，重新认识过程和结果之间的关系。

2.11.3　水到渠成

结果其实是一个个过程的终点，是一个水到渠成的过程。不能过于期盼结果，由于人的精力有限，期盼结果就会忽视过程中的付出。七年前的笔者曾经作为一个骑行族，和朋友一起从深圳骑行到浙江，一路上爬了不少的坡，翻了不少的山。一次次爬坡的经历，让我深深领悟到一个道理：当你长远的目标已经明确后，就不要再去看远处那个目标了，需要的不过是过程中的每一步都认认真真、脚踏实地地走下去，慢慢地你就会发现长远目标已经实现。最开始笔者爬坡的时候，总是不断地抬头向前看，试图看看自己离顶点还有多远，爬坡的劳累加之希望赶紧抵达终点的迫切心理，使得每次抬头看时，都会产生一种绝望感：怎么离顶点还那么遥远。后来，我渐渐发现，当明确的目标摆在眼前的时候，总是抬头看距离顶点还有多远丝毫不会帮助自己更快地到达顶点，还会因为目标的遥远产生畏难情绪影响自己前进的步伐，这个时候你要做的只是专注于爬坡时眼前的每一步，一步步努力向前走，不要看远处的目标，每每这个时候你反倒会发现，很快你就到达了终点。

好的结果，不过是一个个小小的成功体验的积累，人要学会积蓄成功的体验。要学会分解目标，给自己创造成功体验。构建一种知足常乐的形势。有的人干事情越干越有劲，有的人干事情越干越觉得无聊。这两个结果的差异，有的时候只是源于我们是否会享受过程。会享受过程的人，懂得把大目标拆分成一个个容易实现的、看得见的、摸得着的小目标。每个小目标通常比较容易实现，每次小目标的实现汇总到最后就是大目标的达成。比如，复习备考英语四级，在学期最开始准备的时候感觉还有漫长的四五个月，就会想：不着急，慢慢来。随着漫不经心的复习时间越来越长，就会越觉得没劲。而有的人可能会把四级考试拆分成四级单词背会多少个，阅读理解完成多少篇，第一个月模拟考试多少分，第二个月模拟考试多少分，考前一个月模拟考试多少分，一个个的小目标，每次小目标的达成都会增强自己的信心，每一次的信心都会提升自己做事的动力，小的成功体验的积累最终就会迎来一个大的成功体验。

2.11.4　竞争的残酷性

人不能回避竞争的残酷性。人无法选择环境，但可以选择面对环境时的想法，人还是需要快乐的，所以现代社会的生存之道是要学会在矛盾的夹缝中乐观地生存。大部分的竞争都是残酷的，但是竞争恰恰又是推动进步的最主要动力。如果没有竞争，人们都满足于当前的某种形态，不想更好，最终带来的就是社会的退步。所以每个人都要适应竞争环境，都要学会在竞争环境中求得生存。首先要勇敢地面对竞争，或者自行主动地迎接竞争。如果你总是想做逃兵，不去面对竞争，希望有人能够看重你并直接给予机会，那基本上是妄想。除非你有中亿元大奖的运气，或者有伯乐就是觉得你行，不用参与任何竞争，就会有人把机会扔给你。大部分情况下，机会都给予有能力的人，而这种能力是要在竞争环境中展现出来的，不在竞争中厮杀取得胜利，又有谁知道你是能行的那位呢？其次面对竞争要努力去寻求解决问题的办法，而不要将时间浪费在畏难的情绪中。人的精力有限，如果用在了担忧上，那么，用在付出努力解决问题上的时间就会减少，而担忧无助于问题的解决；只有通过努力去寻找、尝试、证明、调整，再寻找、再尝试、再证明、再调整这样不断循环的行动才能最终取得胜利。所以面临竞争时切记要把时间花费在行动上。最后面临竞争不要害怕不好的结果，人这辈子要面临太多太多竞争，但你不会每一次都是那个胜出者，只要勇敢面对了，积极寻找应对的办法了，最终竞争的结果一般都是水到渠成。如果真的不行，那就乐观地接受结果。然后调整"破碎"的心，继续向下一个竞争发起挑战。

"有的人生活在过去的结果中，有的人生活在对未来结果的担忧中，就是没有生活在当下。"这是最近听到的一句话，由于网络社会传播形式的特殊性已经不太容易考证出自何人，但是说的特别有道理：这个世界最远的距离就是昨天。它告诉我们过去了就是过去了。

时间对每个人都是公平的，无论你在做什么，都付出了时间，在你点点滴滴的生活中，时间就这样过去了。但是时间对每个人又是不公平的，每个人用不同的方式度过了自然流失的时间，在时间消费完毕的时候，得到了不同的结果。既然每个人每天都在付出时间，为何不将自己的时间付出得更为有意义些呢？所以让我们把每天都要付出的时间好好利用起来，在过程中把每一次的时间付出都变成对自己有意义的付出，最终你就会发现你理想的结果必将水到渠成。

2.12　坚持就是胜利

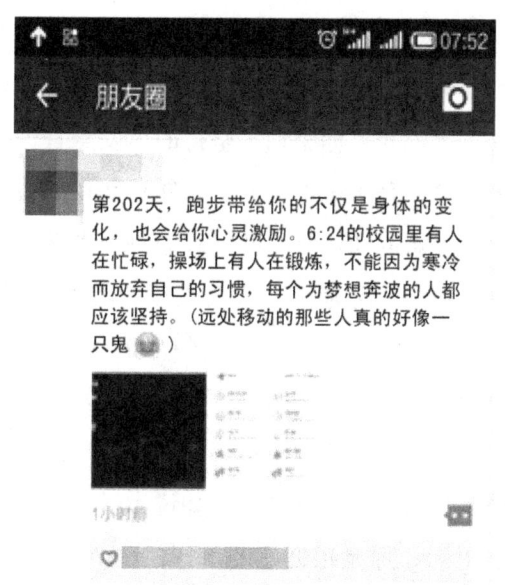

　　一个大二的女生，参加了学校的相约晨光跑协，坚持每天早起跑步，坚持到 202 天的时候写下这样一段话："第 202 天，跑步带给你的不仅是身体的变化，也会给你心灵激励。6:24 的校园里有人在忙碌，操场上有人在锻炼，不能因为寒冷而放弃自己的习惯，每个为梦想奔波的人都应该坚持。"这个女生告诉我们有梦想的人都需要坚持。

2.12.1　正确理解坚持的意义

　　我们在生活中常说的一句话："坚持就是胜利"，其实和这个女生要表达的意思是一样的。这个世界上大部分人的智商都没有太大差异，都达到了能够胜任生活中所有挑战的基本能力水平，那么在通往结果的道路上能够起到影响作用的就是一些个人的品质，其中坚持是非常重要的一个品质。

　　怎样做才算坚持呢？别人都做你也做不叫坚持，别人坚持天天做你也坚持天天做也不叫坚持。所谓的坚持是和自己相关的一件事情，是自己选

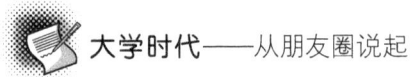

定一个目标，然后为了这个目标克服内心的偷懒、逃避思想，任何时候都不放弃的心态和把这个目标执行下去的行动力。有的同学说我能够保持天天打游戏算不算坚持呢？我想大部分情况下是不算的，因为对很多人来说，打游戏是一种玩耍、休闲，不需要制定目标，没有偷懒、逃避的心理，反而常常是为了偷懒、逃避其他的事情。所以检验是否是坚持需要考量两个要素：第一，有没有目标驱动。坚持的出发点首先是有个目标，想达成一个什么样的结果，是未来支持一个人能够坚持的最原始的动力。人的思想、行为都是由一定的动机驱动的，我们每个人做什么事情的时候潜意识都有个声音问自己"我为什么这么做？""我做这个能得到什么？""如果不做会怎样？"诸如此类的问题，这些都是目标驱动起作用的过程。第二，有没有克服内心本能欲望的阻力。人的一大本能就是快乐本能，所谓的快乐本能就是做让自己快乐的事情，一般来说不用费太大力气就能得到很好效果的事情是人人都想追求的。比如说大学生每天早上如果能睡觉睡到自然醒不用去上课，那是很惬意的事情，这个就是快乐本能追求的。但是如果想早起，都要克服自己想偷懒的内心欲望，克服这种内心欲望的力量便是坚持的力量。所以所谓的坚持其实都是需要克服自己内心的快乐本能，必须依靠自己意志力来支持的行为。

2.12.2 坚持是一种需要训练的能力

坚持是一种需要训练的能力。有个"习惯养成21天理论"，告诉我们如果一个习惯能够不间断地坚持21天，就基本可以养成一个习惯，如果能够坚持60天就能变成一个稳固的习惯。格拉德威尔的《异类》一书提出了一万小时定律，如果做一件事情能够坚持不懈地用了一万个小时，就能够从新手水平变成专家。扎克伯格2016年给自己定了一个目标就是，在2016年的每一天坚持跑1英里，一年总共完成365英里，因此就发生了来北京开会的那天即使雾霾也坚持完成跑步1英里的任务。马云对英语非常狂热，小时候马云的家就住在西湖边上，他一有空就往西湖边跑，一看到外国游客，就主动凑上去和人家练几句。他经常免费给老外当导游，骑一辆自行车带着他们满杭州城跑。这也是一种坚持，在这种坚持下，马云慢慢成就了自己的事业。每个创业者的成功都离不开坚持的品质，马云有语云："We believe one thing, today is difficult, tomorrow is more difficult, but the day after tomorrow is beautiful." 译成汉文是：我们坚信，今天不易，明天更难，但未来终将美好。但坚持这项能力不是天生就有的，而是在成长过程中通过对自己的训练养成的。

坚持品性的养成过程中，主要的训练内容有以下三点。

第一，学会定位，给自己找到目标。刚才已经讲过，坚持的出发点首先是有个目标，想达成一个什么样的结果，这是未来支持一个人能够坚持的最原始的动力。帮助自己明确自己的定位，了解自己想走向哪里，需要学会明确自己的大目标和小目标。明白自己想要什么样的生活，追求什么样的人生观和价值观是一个人的大目标，这个大目标决定了你要用什么样的方式度过你的生命。有的人追求事业有成，事业第一。有的人追求家庭幸福，家庭第一。有的人想家庭和事业都同样有所成，都是第一。有的人寻求挑战刺激的人生，有的人喜欢风平浪静的稳定人生。有的人喜欢游走四方，有的人喜欢宅居在家。其实很小的时候每个人就开始要想这些问题了，虽然随着你的年龄的增长和人生阅历的不断丰富大目标也会有变化，但是这种变化也是一种前进。总体来看，越早有大目标，就会越早开始了解自己行走的方向。在有了大目标的基础之上，你就可以把每一步人生道路变成一个个小目标，比如大学我要好好学习，因为我要找一个和自己专业相关的稳定工作；比如大学我要参加学生会社团好好锻炼协调组织能力，因为我未来可能想创业，需要锻炼提升自己的管理能力；比如我要多多去实习，尽早接触社会，因为我大学毕业后马上就要工作，需要赶紧了解社会。总之明确了大目标，剩下的努力都要围绕着整个大目标，给自己设定小目标，在完成一个个小目标的过程中逐渐接近大目标的实现。

第二，善于跳出禁锢自己的思维习惯，勇于转变思维模式。每个人的成长过程是身体不断成熟、思维不断完善的过程。每一个固守自我，觉得自己已经定型不可更改的人，都是拒绝成长的人。如果想养成坚持的习

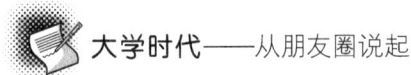

惯，挑战自己的不可能，首先需要的就是帮助自己跳出原有的思维模式，相信自己可以改变。在年轻的时候，最需要建立的一个思维模式就是：相信办法总比困难多一个，不为失败找借口，要为成功创条件。当你愿意努力去寻求办法解决问题，努力走向成功的时候，你就学会了如何坚持。

第三，注重系统思考能力提升，提升行动力。很多的习惯之所以能坚持下去，是因为能够站在更宏观的角度思考坚持的力量，当一个人具有了系统思考问题的能力的时候，才能够敏锐地察觉坚持的力量。所以一个人想学会坚持，还需要提升自己系统思考能力，在思考能力中提升自己的行动水平。比如，上大学学专业知识到底有没有用呢？很多同学都被学长或者亲戚长辈们说的大学学的知识到大学毕业后基本用不到的说法所误导，就认为大学不用好好学习。这种思考就是缺乏对大学学习的系统认识的体现。其实专业知识会过时，并不代表学习本身没有用，学习的过程不仅仅学了知识本身，还学习了如何学习，还提高了你认识问题、分析问题的能力，可能还会影响到你与老师、同学打交道的能力，所以学习本身并不仅仅是学习那点事，学习是一个系统能力提升的过程。当你建立起这样的系统观的时候，是不是学习的理由也会丰富起来，对学习的抗拒也会小一些呢？

2.12.3 坚持中的技巧

帮助自己能够做到坚持，还有一些小策略。

策略一：通过公开承诺帮助自己坚持。记得我小的时候老师留过一道作业题：让我们暑假的时候制订一个暑期计划，然后读给爸爸妈妈听，让爸爸妈妈监督执行。想必你也收到过如此作业吧！这个作业就是利用了通过公开承诺帮助自己坚持的原理。一个人如果想做什么事情，光自己知道的话，偷懒、放弃的概率就会高一些，当不想坚持的时候，就会想："反正也没有人知道，也不会觉得丢面子"。如果其他人知道了，为了防止给人一个吹牛、说大话的不好形象，我们就会尽量信守承诺坚持下来。所以你如果想做什么事情，不妨通过一定程度的公开，来帮助监督自己。现在很多大学生背单词使用的百词斩、跑步使用的乐动力等 APP 软件都是可以帮助我们公开承诺并实施监督的好方法。

策略二：固定的时间做固定的事情。你有没有仔细记录下自己的 24 小时是如何度过的？你有没有想过你为什么能保证上课的时间？你有没有想过为什么有时往往感觉什么都没干，时间就过完了？其实这里包含了一个帮助自己运用时间的小技巧，如果你想坚持一件事情，不妨给这件事找个固定时间来实施，这样就像进入课程表的课程，你总能在固定时间去做它，自然会大大提高这件事情被坚持下来的概率。

策略三：充分利用早上时光。一日之计在于晨，也是前人留下的古话，自然有它的道理所在。如果你能在早晨有 1 小时的时间用来做自己要做的事情，那么坚持一年下来就有 360 多个小时，如果坚持 3 年下来，就有 1000 多个小时，就可以让你把一件事情做精做好了。所以可以尝试把自己非常想坚持下来的事情安排在早上一切其他的事情都还没有开始的时候进行，这样可以不被白天不定的学习工作打乱。而且刚刚经过一整夜的休息，早上是人的大脑最清醒的阶段，效率也会高一些。不过对于夜生活丰富的现代生活模式来说，想早起就有个必须要克服的困难，就是早睡。这对于很多大学生来说有点难，大家的晚上通常都安排了活动，回到宿舍的时间都比较晚了，再加上宿舍同学聊聊天，晚睡的同学们玩游戏或者吵闹的声音，想早睡并不是很容易。所以想早睡，可能还得学会与他人沟通、相处，和宿舍同学达成一定的一致；还得提高自己的适应力，练就一身想睡就能睡着的功夫。这两项能力是未来生活必需的两项能力，如果四年能把这两项功夫练就，那么一定意义上来说大学也没有白白度过。

策略四：碎片化的时间利用。现代社会，信息发达、资源丰富，人们想做的事情很多，可以做的事情也很多，在选择溢出、资源极度丰富的社会，在人们每天所拥有的时间仍然是 24 小时没有变化的前提下，人们的时间就变得不够用了。而且因为要做的事情很多，那么很多时候大块大块的时间都会被征用。所以对于每个大学生来说留给自己的时间并不是很多，我们要对自己的时间使用有个基本的分割，用心地了解自己时间整体的使用情况，把大块时间用于重要事情。对于可能的半个小时以下的时间心中

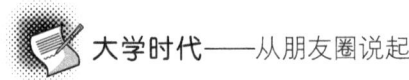

有数，学会充分利用，这就是碎片化时间的利用。由于人的心理、情绪状态的调整都需要时间，所以碎片化时间的利用就面临要尽快进入状态的问题，这个需要通过长期的自我教育和自我管理来完成，自己需要慢慢了解自己的习惯，充分地利用好小块零碎时间。

策略五：学会放松，懂得有张有弛。人就是一根橡皮筋有很大的拉伸空间，所以更多的时候要相信自己还有弹性，要勇于去挑战。但是在一路挑战的过程中，一定也要懂得适时让拉伸的橡皮筋收回，放松一下，然后再拉，不能让一根橡皮筋一直拉伸着，这样时间长了就会失去原本很好的弹性。所以坚持其实就是橡皮筋拉伸的过程，适时的放松休息就是让橡皮筋收回的过程。人生这一路上要做的事情很多，永远都做不完，所以放松这件事情也是永远都必须相伴的事情。一个人一定要给自己留出放松、玩耍的时间。可以按照自己的习惯每天、每周或者每月、每年在相对固定的时间给自己安排放松的时间，做自己喜欢或者对自己有益的事情。每个人的习惯并不相同，有的人喜欢看电视、有的人喜欢看书、有的人喜欢旅行、有的人喜欢运动，放松玩的方法千万种，核心原则需要记住两点：第一，玩是必须学会的，这是帮助你的橡皮筋保持弹性的良方；第二，玩不是全部，必须适度，橡皮筋总是放松在哪里不去拉伸，就失去了橡皮筋原本的价值。

第3讲　与人相处

善待你生命中的他人

在一生行走的路上，你会碰到很多很多人，与每个人的一次碰面就是一次缘分之约，他们有的是你的恩人，有的是你的贵人，有的是你的敌人，甚至有的成了你的仇人。无论是什么样的人，你来到这个世界遇见谁会有怎样的缘分，很多时候都不是你所能控制的，但是你能做的是善待你遇见的每一个人。

一个人想要立足于这个世界，就要学会与碰到的不同的人相处，学习了解他们、明白他们、管理自己和他们的关系。这个与人相处的学习是个复杂的问题，人们在生活中的快乐与不快乐的感受大部分时候都会落脚于与他人相处是否愉快这个基本问题之上。如何与不同的人愉快地相处，需要了解的有很多很多，这里既需要了解自己，还需要了解他人；既要学习普世道理，也要学习民族文化；既要懂个体，也要懂社会。这个过程是个长期修炼的过程，是同专业知识学习一样重要的一门大学必修课程。但是学习这门课程的方法却与专业知识的学习有着非常大的不同，它是一门需要自主投入精力学习的一门课程，每个人需要根据自己不同的特征，去学习不同的内容，最后由实际相处中自己的样子作为结果来检验。这种学习是无形的，也是非常艰难的。

从现在开始，就跟着本讲的内容，进入第一步，开始与人相处的自主学习。

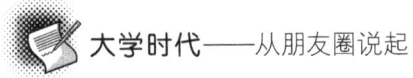

3.1 如何与人沟通

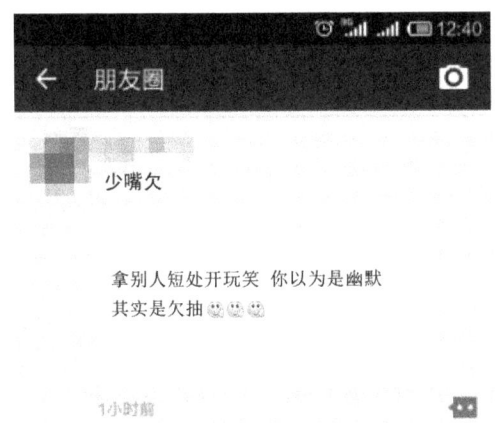

想必应该碰到了什么令人心烦的事情，这个女生才会在微信上留下了这句话"少嘴欠——拿别人的短处开玩笑，你以为是幽默，其实是欠抽"。猜想一下当时的场景，大家在一起，A 觉得 B 的一个特点很有特色，他就会拿这个特点拼命说事，A 一定以为 B 的这个特点不是什么不好的事情，所以才会拿出来大说特说，殊不知其实 B 是很介意这件事情的，A 虽然出发点没有什么不好的，但是在不知不觉中已经得罪了人，自己却不知道。

其实我们很多人都是因为不会说话，在不知不觉中把自己人缘搞得很差，还不自知。其实这些人本身可能并没有不好的想法，甚至很多时候还是出于好心，但是最后形成好心办坏事，到头来让自己也很不开心的尴尬局面。

3.1.1 沟通和说话

每个人都要学习一点关于如何说话的知识，如何说话，我们通常叫作沟通。现在就来讲讲如何沟通。

什么是沟通，简单地说就是信息传递的过程。沟通是一个听和说双向并行的过程。双向信息沟通有六要素，发出信息的人叫作信息源，听信息的人叫作信息接收人，两者之间有个信息通道传递信息，沟通的发送和接收过程中还会存在障碍，整个的沟通过程还在一定的背景因素中，沟通的示意图如下。

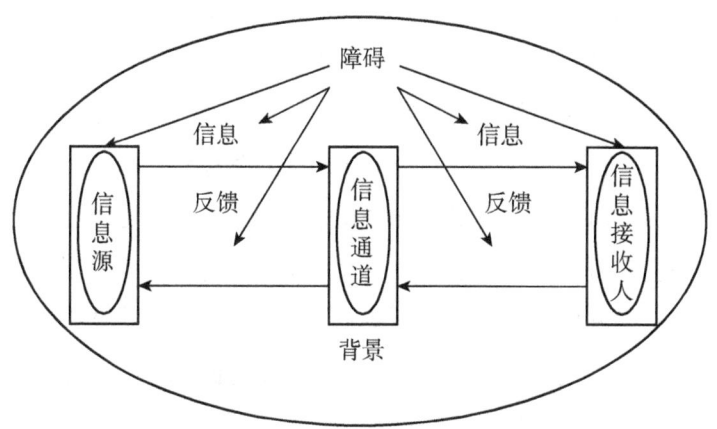

沟通是一个信息互相传递的过程，一个人说信息的同时，还要听信息接收人的反馈，这个反馈过程同时也是一个信息传递的过程。因此一般来说，一个人在沟通时有两重身份，既要做信息源同时也要做信息接收人。

在一个沟通过程中，个体同时承担"说"和"听"两个任务。"说"是为了让别人听到、听懂你所说，因此说的时候要直接、有效、积极，寻找快捷方式达成效果。"听"是为了听到、听懂别人所说，因此聆听时要用心倾听，放下自己的观点，无预设，中立起来去听。

这个原则说起来很简单，但做起来并不那么容易。现在静下心来想想，自己说话的时候有没有犯此种错误：说的时候只管自己想说什么了，很少去想别人听到了吗？听懂了吗？想说的内容也都是从自己的需要出发，认为自己能懂的、关心的，别人也应该能懂、也会关心。这不是你的问题，这是人的本能驱动所做的自然而然的反应，因为人本能都是从自我出发的，以我为核心做事、做人的。因此，说话看起来似乎在我们一两岁的时候就能掌握的技能，但其实如何说话、如何更好地控制自己说话却不是一两岁的时候就能会的，也不是经过无数次重复就能会的，是需要好好学习的。

3.1.2 我们该如何"说"

（1）说的前提：学习欣赏人

一个人要想学会说话，应从心态入手，而不是从说话本身入手。如果想让人觉得你说话很舒服，那么你首先要从内心里欣赏别人，只有真正欣赏别人的时候，你说出的话语无论从内容还是从语气中都更容易获得别人的认可，被别人认可当然会让人喜欢，这样你说的话别人才能爱听。

当然，很多时候你会发现，有些人你不愿意跟他说话，对这样的人说话的时候也会带着不耐烦和不喜欢，这个时候该怎么办呢？如果你不想让说话变成冲突的开始，那么你就要努力去欣赏别人，哪怕这个人你不怎么喜欢，你也要努力从这个人身上找到值得你欣赏的地方，这样你在和这样的人交流的时候才不会带有否定感。

（2）说的风格：直接、积极

有些人总是觉得自己不会说话，所以不敢说，越不敢说就越不会说。其实每个人都会说话，每次说话的时候要搞清楚自己想说什么，然后把想说的话的要点说出来就可以了。而且说话要主动积极，因为没有人会知道你是怎么想的，只有通过你说出来的内容才能让别人了解你。

所以，每个人在对待沟通的态度上，首先要直接、积极，帮助别人更好地了解你所想。不要总是希望别人猜你怎么想，那不是沟通的目的，沟通的目的是信息的传递，让别人知道你所传达的信息是要靠说话说出来的。

（3）说的内容：委婉

刚才讲到说话要直接、积极，说的是想传达的信息，不能隐藏起来指望别人能够猜到。但是这并不代表说话的内容是想说什么就说什么，那些不经大脑的话常常是不小心伤到人的罪魁祸首。所以在说话态度积极的基础之上，说话内容一定要深思熟虑后再出口。老祖宗的所谓三思而后行，就是告诉人们说话要先想好再说，要先想想听的人听到你说的那些话的可能感受，组织好自己要说的内容再说。

（4）说的法宝：赞美人

前两年盛行的赞赏教育倡导"好孩子是夸出来的"，虽然这种观点现在也被反思，但是这里面倡导的理念并不完全错。说话要多多赞美人。每个人都喜欢听到别人说自己好，没有人喜欢被人批评；听到别人夸自己的时候，即使嘴上不说什么，内心却是非常幸福的。所以你要相信别人也一样，也喜欢听好听的话。

所以我们跟别人说话的时候，要多多夸人。怎么夸呢？夸具体的事情，尽量找到跟你说话的人与众不同的东西，就夸这个。所以在说话的前提下让你学会欣赏他人，在这里就可以派上用场了。但是说话多多赞美人，也不是见谁就夸谁，那样会觉得你这个人很浮夸，夸的内容的可信度也大打折扣。赞美的意思是你在和别人沟通的时候，尽量选择夸人的方式来交流。

但是无论如何，你可能都做不到百分之百地对人夸奖，总有些时候想说出批评人的话。那该如何说呢？批评人，你可以直接，就事论事，点到为止，先扬后抑地来批评。如果觉得别人做得很不对、很不好，你又觉得你该说，你就可以直接说，而且就事论事地说。但是在你批评人之前，还是奉劝你，每个人都有自己的想法，你认为不好的，别人不一定非要也认为不好，所以在你想批评人的时候，先审视一下，自己是不是不够宽容和接纳。如果真的觉得自己是足够宽容和接纳了，还想说，不妨说一下吧。但是你批评人的话在你整个的沟通过程中，不应该超过 10% 。如果你说的话有 30% 以上都是批评人的，就会有人缘不好的烦恼，这个时候很大可能不是别人的问题，而是你自己的问题了。

（5）说的技巧

①注重自己的外表和体态语言。建立良好的自信，善于适当表达自己的优点。

②寻找与人的共同之处。主动拉近与人的距离，记住别人的名字。

③适当自我暴露。可以多谈谈自己的兴趣爱好、自己的一些特点，还有自己对待事物的态度、看法等。

3.1.3　我们该如何"听"

讲完说，我们再来说说听的问题。

首先每个人必须记住，听是沟通中非常重要的一个部分。平日里我们很多时候会更多地关注自己该说什么？该怎样说？从而忽视听，不去听，也不想去听。

真正的沟通要学会听，放下自己的观点，尝试去理解别人的观点。

（1）听的前提：学会听潜台词

前人有句话叫作"听话听声，锣鼓听音"，就是告诉我们说话要了解对方的言外之意。所以听的过程也是一个思考的过程，不能仅仅停留在别人说话的本身，还要试图去了解别人说话的背景因素和各种可能性。

（2）听的过程：换位思考

在听别人说话过程中，要多思考一下对方的身份、立场和环境，不能只站在自己的角度思考问题。听的过程是一个很忙碌的过程，要消耗掉很多的脑细胞，所以听要认真听，不能总想着自己要说什么，要首先听懂别人说什么。

（3）听的内容：要关注，无预设

中立听，听别人说的内容，理解别人说的内涵，重心放在说的人身上，不要总想着我该说什么，而是去听别人说了什么。

（4）听的技巧

①记得与对方交流目光。看着别人说话这也是需要锻炼的，当你能够跟人眼神交流的时候，说明你至少是自信的。当你不够自信的时候就会不敢看别人的眼睛。所以可以通过与别人进行眼睛交流来锻炼胆子。

②要点头，发出"哦，嗯"的声音，还要适时提问。听别人说话需要用一些动作来表示自己听到了，这是互动的需要，也是尊重的需要。

③中途打断讲求时机。打断别人说话是非常不礼貌的一件事情，所以在听别人说话的时候，尽量不要打断别人。

某些人的说话风格，代表了这些人性格的一些特征，你可以看看自己是不是有这些特征。当然，以下说的不一定是全对的，但是如果你想学习如何沟通、如何说话，不妨也可以按照这些提示学习一下，毕竟这些特征往往也是人们在社会规范中比较普遍的认知。

说话风格	性格特征
经常谈自己	外向，感性，主观色彩
集体场合讲话主动	外向，自信，支配
很少提及自己	内向，内敛，不主观
集体场合被动	内向，不爱表现，不自信/沉着
叙述事实的过程	注重客观
富有感情，讲求细节	动情，有点主观
说因果，惯于评价	主观性强，强加于人
说话概括，注重结果	领导者，支配欲，独立
注重具体，注重过程	从事具体工作，顺从
说生活琐事多	安乐型
畅谈未来	幻想型，注重计划和发展
不愿意评价别人	正直
喜欢品头论足，阳奉阴违	虚伪
用词夸张、粗俗，讲话不慎重	不负责任
讲话快、急	急躁，雷厉风行
说话慢、缓	沉稳，周到
快而不急	果断，富有主见
爱纠正别人	主动，自信
不爱纠正别人	谦虚，含蓄，被动

3.2　解锁人际冲突

一个大四的女生，在看到一个星座描述脾气的时候，写下了"说得太

对了，不是脾气好只是隐忍不发"这句话。这句话让我想起我曾碰到的一个女生宿舍激烈冲突的例子。

3.2.1　宿舍故事

宿舍有 4 位女生 A、B、C、D，有一天 A 回宿舍晚了，敲了半天门都没有同宿舍的同学给她开门，A 很生气，她知道宿舍明明有人却不给开门，后来找宿管阿姨要钥匙开了门之后，冲进去就把自己水杯里的水统统浇到了躺在床上的 B 身上，床也完全湿了。于是 B 和 A 发生了冲突，这个过程中 C 也因为觉得 B 受了委屈，和 B 站在了一起和 A 发生了冲突，D 因为睡得早并没有特别参与此次冲突。

人们都希望和他人的相处是友好的，没有人是喜欢发脾气的。C 基于对笔者的信任希望笔者能帮助解决，于是笔者和宿舍里的 A、B、C 三位同学都进行了深入的交流，接触中发现冲突对于每个人来说都不好受，都希望不要这样，都不想发生冲突，那为什么人与人之间相处中还有很多冲突会爆发呢？

3.2.2　冲突的原因解读

直接来看冲突的原因主要源于容忍力降低。其实发生冲突的时候一般都不是由某一件事情单纯引起的，就如同那个宿舍，A 不是简单的因为 B 不开门就发了那么大的火，而是先前很多的日子里，按照后来大家的推算从大一入校开始就彼此有成见了，到了大二已经过去四个学期了，很多平时积攒的小的不满意，借着一件小小的不开门事件，就失去容忍力、让怨气爆发，结果导致一个大的冲突。

但是如果深究的话，产生冲突的原因并不是容忍力没有了，而是因为彼此对待差异处理不良的结果。比如内向和外向的人相处起来会因为看不惯而产生误会和冲突；男生和女生因为看待和处理问题的方式有差异，如果彼此接触过程中有了心结，不及时解开，就会产生冲突；相互竞争的对手，因为有着相互的比较，有时候彼此造成的压力感积攒到一定程度，如果不会排解情绪，就会形成冲突的导火索。

所以冲突其实是人与人相处过程中，彼此有差异的时候不能及时排解造成的误会、偏见等引发的。人与人之间的冲突，如果仅仅是行为之间有冲突是最容易解决的，解开了就好了。如果是因为性格和价值观层面产生的冲突，解决起来就没有那么容易。

很多时候，冲突带来的是情绪的困扰，人与人之间关系的裂痕，这种冲突会对人的身心造成影响。如果冲突已经产生，这个时候就不宜仅仅想到不好的方面，还要想想冲突对人际关系在一定程度上的积极作用。人与人之间如果发生了冲突，其实从另外一个角度上看，就是给彼此提供了一个深入了解的契机。当双方发生了冲突之后，说明彼此有着不同，或者是处理问题的方式不同，或者是看待问题的方式不同，或者是人与人之间有差异。这个时候你如果尝试抛开情绪、换个思路，去认识一下和自己不同的人，时刻要记着和自己不同的人不代表就是不对的，一个成熟的人除了能接纳自己，还要能够接纳周围的一切。所以人要尝试努力去开阔眼界，学会提升自己。

有的时候无论你多么不想，还是有可能会和人产生冲突，有的时候还会感觉自己是为了捍卫自己的尊严才会奋起和人产生冲突，从而维护自己的尊严。人际冲突是不可避免的。人际冲突的价值从某个角度上来说，正

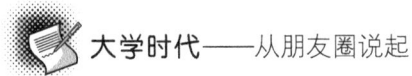

是在得当处理的过程中，提升自己的能力。所以要学会理性的、建设性的处理分歧、解决冲突，这是一个人学习的重点所在。

3.2.3 合理解决冲突

一个理性地解决冲突的过程应该包括以下七个步骤。

①相信一切冲突都可以理性地、建设性地被解决。首先是每个人在发生冲突后，都会产生一些负能量，这些负能量的产生是最正常不过的事情，对待这些负能量不要抗拒、顺其自然，用适合自己的方式释放一下就好。其次是要坚定信念，相信冲突是可以通过积极的态度来解决的。

②客观分析人际冲突的原因。自己列出冲突产生的原因，分析自己由于这个原因可能负有的责任。

③具体描述人际冲突的全过程。把冲突的过程重新复盘一下，最好是写下来，回写冲突的过程，其实就是帮助整理思绪的过程。

经过上面的第2步和第3步后，很多时候你的负向能量可能已经不那么强大了，而且在整理思绪的过程中，你可能已经找到了自己有哪些方面的问题了。

④向第三方核实自己对人际冲突的认识是否客观。注意，第三方的选择最好是一个能够客观评价冲突的人，不要找一个只会跟自己同仇敌忾的第三者，那绝不是最好的选择。

⑤提出可能的解决人际冲突的办法，并对提出的方法逐一评价、筛选。这个分析过程也是一个理性思维整理的过程，请记住最佳方法必须是对双方都有益的方法，如果仅仅是基于一方考虑的方法，一定不是最好的方法。

⑥主动尝试去使用选择出的最佳方法。这个过程是最需要勇气的一步，这一步也是最考察一个人能力大小的步骤，你愿意主动做，可能还会被对方拒绝，这个过程常常是拉锯战式的，千万不要被拒绝吓怕。

⑦评价方法使用的效果，及时修正。

避免冲突，有时候还是需要让自己学习一些技巧的。

①当意识到情绪不好时，主动要求对方给自己时间和空间。

②离开现场，逃离空间，让情绪得以疏解。

③深呼吸抑制自己的情绪上扬。

④学习陈述自己生气的感受，用语言疏解。

⑤跳开现在的"我"，用第三方的眼睛审视自己。

合理解决冲突的时候，也要记住一些小技巧。

①解决当下，直面问题。

②坦诚以待、立即处理。

③勿意气用事、勿逃避、勿记仇。

④时间不延伸、内容不扩展、对象不复杂。

在解决那个女生宿舍 A、B、C 的冲突时，笔者就尝试让他们彼此用了上文的七个步骤来处理的。冲突解决后，每个人的人际交往能力可能都有所提升，但是有些人仍然不能很亲密地相处。这时我们还需要明白一点，有的人与人之间本来就无法开启做朋友的模式，有的时候你必须接受人与人之间必须是平淡相处。对于那个女生宿舍 A 和 B、C 之间，就是因为不匹配的性格特征，造成很难在价值观上达成一致，结果在生活中一点点累积了误会。对于这样的彼此，不能强求，要学会的就是尽量用接纳的心对待彼此，但是不要过多要求，学会平淡的相处模式。因为人际交往圈子其实是分层次的，在下面的 3.3 节我们就讲讲如何建立自己的人际圈子。

3.3　建立自己的社会支持系统

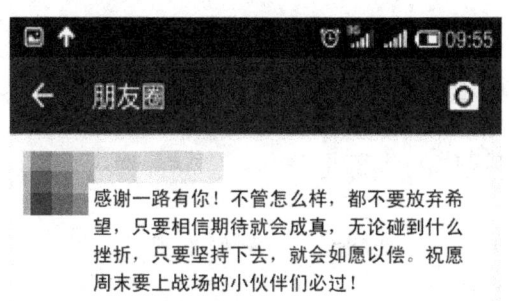

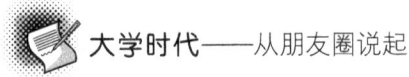

一位大四的学生，有一天写下了这条朋友圈："感谢一路有你！不管怎么样，都不要放弃希望，只要相信期待就会成真……"这个正在实习的男生作为新生班级的小辅导员，在他带的班级即将要迎来重要考试之前，写下的一段鼓励他们的话。有时候朋友的鼓励在某个关键的时刻给予一个人的不仅仅是精神的鼓励，更是生理上的巨大支持，也许可能就此激活一个人的潜能。

"没有人是一座孤岛，可以自全。"每个生命都是来自于父母，家庭是一个人最值得信赖的社会支持系统之一。每个人也都不能没有朋友，你现在闭上眼睛随便想想，可能能想出好几个名字，这些都是你的社会支持系统。如果一个人没有任何家人、没有任何朋友，可能他的生存就会遇到巨大的困难，这种困难不是来自于外界和物质的，而是来自内心的精神层面的。

3.3.1　画出你的人际圈子

你可以通过一个小活动，来画一下自己的人际交往圈，也就是你的社会支持系统。

①拿出一张 A4 大小的白纸，横向放在桌面上；②在纸的中间画一个一角硬币大小的圆圈，在圆圈里面写下"我"；③在这个"我"的周围写下你能想到的人的名字，并根据和他们的亲密程度决定离"我"字的距离；④在这个名字和"我"之间添加箭头，箭头的方向是根据你和这个人的相互付出的关系决定的，如果你觉得你们是彼此付出的就是双向箭头，如果你觉得是你对他/她付出的，就将箭头指向那个人，如果你觉得是那个人向你付出的，就将箭头指向"我"；⑤你跟这个人的关系越亲密，箭头画得越粗，你跟这个人的关系越疏离，箭头画得越细。

3.3.2　审视你的人际圈子

你画出自己的人际交往圈子后，好好审视一下自己画的这个圈子，这个就是你的社会支持系统。

首先看看你画的圈子分成了几层，是不是所有人都和你一个距离。其实一个人的人际圈子里，周围的人和你一定不是在同一个圈子里面，你的社会支持系统应该有个亲疏区分。一定有人跟你是相对亲密的，也是你更值得付出和信赖的人，通常这个圈子是你的家人或者多年至交。应该有人是跟你关系比较好，能够让你吐露心声，有困难寻求帮助的时候也是你的强大支持力量。当然，也应该有些人和你没那么亲密，但是因为一些事情有了联系。

这个圈子除了距离有远近以外，你还会发现有的人是你付出的多，有的人是人家对你付出的多。你还能发现，原来你对不同的人心理距离是不一样，所以代表亲密感的线的粗细也是不一样的。

如果你的人际圈子有这样亲疏远近的差异，而且每层都有、粗细都有、每个方向都有的话，那恭喜你，你的社会支持系统是较为完善的一个系统。一个人不可能和所有的人都是相同的交往程度，也不可能只跟一类人交往，你的社会支持系统应该是一个有亲、有疏，有付出、有索取，有亲密的、也有保持一定距离的多样化生态系统。总之一个人的社会支持系统越丰富，他的应对问题和解决问题的能力也就越强；他也会更健康，这种健康包含了心理健康和生理健康；同样地也反映出他的人际交往能力水平越高，他的人缘也相对较好。

3.3.3　建立丰富的人际圈子

那么如何建立自己丰富的人际圈子呢？

首先要清楚朋友是有层次的，不要试图对所有的朋友都一样对待，要根据自己的想法，建立不同的朋友圈子。有的人对待所有的朋友都相当用心，结果让自己花费了太多的时间，弄得身心疲惫；有的人对待所有的朋友都是点到为止，君子之交淡如水，等到真的需要朋友支持时，也无法得到别人最大的帮助。所以每个人在建立自己人际圈子的时候，要分伯仲，让自己的精力合理分配。这里尤其提醒一下，不能太忽视自己的家人。父母和家人应该是每个人最亲密的人际圈子里的对象，但是很多时候因为这

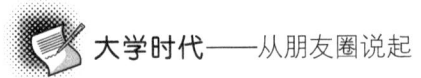

种爱的无私性，让我们往往忽视了对他们的反向付出。

对待不同的朋友付出的水平也是不同的，需要你用心经营的程度也不同。一定要花费时间去和这些朋友相处，同时要能分清亲疏远近，在该放弃的时候要果断放弃，在该付出的时候要不吝付出。

每个人的社会支持系统也是不断动态变化的。随着你的成长，你的阅历和经历的不断变化，你认识的人也会越来越多，一般来说你的人际圈子也会越来越丰富。要不断地审视自己人际圈子的变化，不断地填充和整理新朋友、老朋友，让自己的圈子总是在一个自己比较明了的状态下运转。

当然，无论怎样的社会支持系统，都无法替代自我的强大。所以在怎样维护你的社会支持系统的同时，还需要明白一些道理。

第一，具备社会支持的理念和依赖不是一回事。人们生活在这个世界上需要彼此支持，共同发展，在必要的时候，也要懂得求助，这与依赖不是一回事。依赖指的是自己明明能做的事也让别人为自己做，而寻求支持指的是，处于竭尽所能也难以应付的局面时寻求他人帮助。同时，我们也必须意识到，社会支持具有双重功能，我们的困难需要社会支持分担，我们的快乐也需要社会支持分享。

第二，我们要了解人有"助人"的需要。在力所能及的情况下，助人会使助人者也感到快乐。不仅如此，由于人们的这种普遍需要，因而适时适度向人求助，还会提升人们的亲密程度。有的人由于缺乏自信，往往把寻求支持看作是无能。其实不然，寻求支持也意味着向他人表示：今天我求助于你，是因为我有困难，同时，也因为我有信心在将来某个时刻同样有能力向你提供帮助。

第三，要区分社会支持系统中不同关系所具有的不同功能。有时候人们求助失败，不是因为他没有社会支持系统，而是因为他不懂得区分不同关系之间的差异。例如，有人要求合作伙伴能像朋友一样理解自己，这显然是个不切实际的要求。

第四，要了解天生的社会关系网络并不等于社会支持系统，社会支持系统需要平时的细心呵护。如果我们平时不懂得体贴、关心并帮助他人，不懂得与他人分享生活，那么，我们就很难构建一个良好的社会支持系统。

第五，尽管人离不开社会支持，但是在遇到困难时，我们还是要尽可能依靠自己，或者是社会服务机构，不要事事求助于人。比如，搬家可以请搬家公司，用车可以找出租车，心理上有困扰可以打心理热线电话或去做心理咨询，等等。尽量依靠社会服务机构不仅能有效解决自己的困难，而且也是对亲友的体谅。现代生活中，人人都很忙，你并不是别人所认识的唯一一个人，因此，能不给别人添麻烦就不添。这样，在你遇到难以处理的大问题时，你就有可能从亲友、熟人等关系中获得最广泛而又有效的支持。当然，即使在这种时候，也要注意不可强人所难。

第六，作为别人社会支持系统的一部分，你对无法胜任的求助也不要勉为其难，每个人的能力都是有限的，实在帮不上的事你就要及时、明确地告诉别人，以免耽误别人的事。最忌当时满口答应，结果却食言，那是最容易损害社会支持系统的行为。

3.4　活在过程中，开心就好

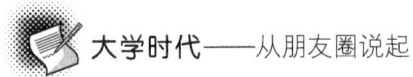

一个男同学在微信中写下了："人生在世，快意恩仇，开心就好。"道出了与人交往中的一个心态模式，以开心作为与人相处的一个基本出发点。

3.4.1 过好自己

为什么谈与人相处的话题，要从过好自己开始呢？其实与人相处讲的是某一主体与其他人的相处，是一个两方相处的问题，这种相处要处理好的是两种关系，一种是自己与自己的关系，另一种是自己与对方的关系，因此学习与人相处需要学习两方面的知识。现在就先从个人如何处理好与人相处中自己与自己的关系问题谈起。

每个人做事、做人的出发点都是基于自己的需求出发考虑的，即使是为了国家、集体的利益而做的事情，自我也是有需求的，这是每个人在生存中自然而然要寻求的一种目标。德国哲学家康德就说过："快乐是我们的需求得到了满足"。也是说需求满足是一种本能的需求。所以在与人相处中，有个重要前提，就是不要把自己想得太高大上，要首先把自己过好，让自己开心。做事情、说话的时候要想一下，这样做、这样说自己就可以真的开心了吗？如果是你愿意做的，真心愿意做的，做了能够让你开心的，那就去做。如果做了会不开心，也就不要强求。

3.4.2 真正的开心

与人相处是让自己开心的，不是给自己添堵的。那么什么是真正的开心呢？我们需要细细分解。

你想说什么就说什么，想做什么就做什么，就是开心地过自己了吗？举个例子，在宿舍或者集体相处中，不开心了就骂人，看不惯了就直接说别人，这样做是真正让自己开心的事情吗？我看未必是。谁会让你无缘无故地骂呢！你的情绪不控制，可能招致的就是口舌之争，甚至拳脚相向。这样一来，你能获得开心吗？伤害总是双向的，就如力的作用是相互的一样，你打了别人一拳，别人疼了，你自己也会疼，因为你也感受到了压力的反作用。闹别扭、吵架、打架所造成的情感伤害也是一样的，你让别人不舒服，自然自己也会感受到相同的不舒服，即使你可能觉得自己很有道理，你的心情也是不会很好的。

所以真正开心的事情应该是能让自己的内心平静、舒服的事情。基本原则应该是遵循社会规范，在过程中做好自己能做的并且愿意做的那部分，同时尽量让别人也舒服。与人相处过程中，真的让自己开心，就要考虑到与你相处的人开心与否。做到开心可以分成几种境界，自己需要分析一下愿意做到哪种层面；同时，又要考虑自己的能力、性格能让自己做到哪种层面；当然，更多的时候是跟当时的情境有关系，具体情况具体对待。

3.4.3　做开心事的四层境界

第一境界：做那些让别人开心，让自己也开心的事情。这是开心地活在过程中的最高境界，就是做的事情自己也开心，也能让周围的人开心。达到这种境界，也是分情况的，有一种是真的和周围相处的人非常融洽合拍，所以做的是让自己开心的事情，同时周围的人也很开心。这往往是非常志同道合、脾气相投的一群人在一起时产生的；还有另外一种情况，就是虽然大家彼此不是那么合拍，但是你是那种特别能欣赏和宽容他人的人，别人做的事情你的接受度很高，这个时候就容易在相处过程中让自己开心、别人也开心，即使有的事情可能不是很符合自己的本意，但是因为接纳的程度高，很容易欣赏别人，也能找到开心的点。

第二境界：做那些自己开心，但不打搅别人的事情。这是第二层次，比刚才那个境界层次稍微低一些。很多时候人们在与他人相处的过程中，无法那么合拍，为了彼此之间相处得还比较开心，你就需要做那些让自己能够开心，但是做的过程中尽量不对别人形成干扰的事情。比如在宿舍中，你喜欢听音乐，也许有的人并不喜欢听，那么你最好就戴上耳机听音乐；你喜欢早起，而别人喜欢睡懒觉，那么你起床的时候就尽量动静小一些，对别人尽量产生小的影响；你喜欢晚睡，那么就尽量在别人睡下的时

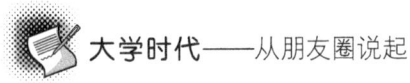

候不要做影响别人的事。

第三境界：做那些自己开心，让别人不难受的事情。在一个群体中相处，让自己开心的事情可以很好找，但是如果同时是别人不是很开心的事情，或有可能打搅别人的事情，那么你就要尽量想办法让事情变得让别人不难受。通常，有诚意的沟通是比较好的一种方式。比如你喜欢晚上聊天，但是宿舍有位同学不喜欢聊天，而且睡得比较早，而同宿舍其他同学恰恰也有愿意聊天的，那么最好的办法就是找个机会大家坐在一起通过彼此沟通，讨论出一个方案，比如每星期找一个固定的一天就是大家彼此聊天的日子，其他的日子就尽量不聊天，彼此都有需要满足的时候，尽量多地照顾所有人。

第四境界：做那些能让自己淡定，不让自己陷入被动境地的事情。一群人相处，群体中必然会有在性格、脾气上并不十分相投的人，很多时候让自己开心的方法就变成了尽量选择能让自己比较淡定的相处方式，这个时候开心已经不是很高兴的意思了，而是在集体相处中保证相安无事的一种淡定的处事方法。这种情况下做事尽量多想想自己的每个行为可能会给其他人带来的影响，这种影响可能会带来的人际相处危机，要尽量避免。想做到这点，就需要尽可能地理解和接纳和自己不一样的人。尝试去做到换位思考。这点在后文还会讲到。

如果上面都做到了，最后还要提醒的一点就是：不要太在意别人，不要试图让所有人都说你好！

想让自己活在一种较为开心的状态，就需要以自己为圆心生活，你不可能是一个完美的人，无法做到十全十美，所以你自然会因为有人在某一方面比你做得好而觉得失落，但不要对自己太过于较真。对于别人对自己的评论都要经过自我加工，好的吸收之，不好的尽力改变，千万不要陷入别人说自己不好就情绪低落无法自拔，而应该有所行动，努力完善自己。不求做到完美，只求不断完善。

3.5　孤独相伴，摆脱依赖

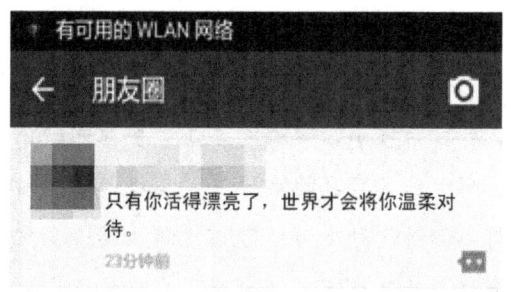

有个大三的女生写下来这样一句话："只有你活得漂亮了，世界才会将你温柔对待。"这句话其实道出了一个道理，人必须学会把自己做好。在自我成长的道路上，人其实是孤独的，不要指望谁能陪伴你一路，没有人能够一辈子都陪在你身边，人这辈子最忠实的伙伴只有你自己。

3.5.1　孤独的感受

以下是心理健康课上有位专升本的同学上了三年大专来到本科院校后，在不适应的情况下写的一段文字。其实很多刚从高中升到大学的学生，很多从校门进入职场的人，都会经历这种不适应新生活的阶段。看看下面这段文字，有没有找到某个点是你比较熟悉的。

我是 2008 级专升本学生李××，不料我们机械专业只考过来 6 个人，就我一个女生，其中两个男生以前跟我是同班同学，我们感情不是特别好，然后宿舍也不是跟本班女生在一起，所以我们的交情只有在教室里。在来到这里之前我一直都是一个以微笑面对一切的人，一直都是以快乐的笑语感染别人的人。以前的朋友都很喜欢我，我很想他们。我努力试着对她们友好过，也主动去找过她们。可是真的就有女生一点都不友好，我对着她笑，她真的当我是空气。您懂那种感觉吗？我一直很苦恼，记得刚去时前两次实验我都没做上，没有人通知我，我都留了电话给她们了。您知道吗？我当时有多难过。可是记得在您的一堂课上，您讲过有些圈子如果进不去，真的不用勉强，那一刻，我是轻松的，我想对啊，为什么让自己那么累。

可现在每当一个人独处的时候，却常常陷入深深的孤独之中，总感觉自己一个人孤零零地行走在渺无人迹的荒漠里，我后悔过，不知道这漫长的两年要怎么过。很巧的是在去年考学之前，我爸爸病逝了，我妈妈说那是我爸爸的遗愿，我就来考了，结果考上了。毕业的时候我的一段感情也因为上学结束了，呵呵，其实真的不一样，我以前的生活已经不能重新来过了，所以我不得不面对这种生活，习惯这种生活，虽然我不是特别坚强的人。人生真的有好多你改变不了的事情，我只能在它到来的时候，能够不被打倒。

这位同学在信中诉说了自己刚刚专升本到一个新环境后的不适应，感觉到自己的渺小和脆弱，独自品尝着孤独。两年之后，这个女生毕业之前，我专门跟这个女生又取得了联系，问她现在过得怎么样，还记得当年那份孤独感吗！

她是这样回答我的："老师谢谢您还记得我，当时那段文字我还记得，那个时候真是觉得特别难受，感觉自己什么都不好，自己特别没有信心，能否顶过来。不过现在我要毕业了，现在想想觉得当时的想法有点可笑。不过觉得这样的过程对我倒是挺好的，让我慢慢变得坚强，至少让我懂得其实很多事情都会过去的，我也能够坚持下来……"

这个女生同我分享的是孤独之后的成长，再次验证了一个观点：孤独的岁月是人成长的最好机会。觉得孤独的时候，其实恰恰是你应该感谢的时候，因为你即将成长。

3.5.2 孤独的本来面目

每个人都来自于一个家庭，有呵护自己成长的亲人，当我们在蹒跚学步的时候是他们牵着我们的手一路走来，每个人都习惯了行走路上有人帮扶，也依赖这种帮扶的力量。但其实人的一辈子不可能永远都有人在旁边扶你，终有一天需要你自己独立成长，之后可能你的父母、孩子还需要你给予他们帮扶的力量。对于一个想健康快乐生活的人，越早学会独立成长越好。所以每个人到了青少年阶段之后，都应该珍惜这个能让自己学习独立的机会。

每个人如果想真正强大起来，都要度过一段没人帮忙、没人支持的日子。所有的事情都是一个人撑着，所有情绪都只有自己知道，再兵荒马乱，也注定单枪匹马。但只要咬牙撑过去了，一切都不一样了。无论你是谁，无论你正在经历什么，坚持住，你一定会看见坚强的自己。

3.5.3　面对孤独

那么孤独的岁月中具体该怎么办呢？

相信自己，摆脱想依赖周围的心理。其实每个人都远比自己想象的坚强。来到大学通常是一个独立生活的开始，陌生的环境、陌生的人，加之独立生活的需求，都让人在一段时间内是必须独来独往的，即使你可能有同宿舍的同学或者同班同学在左右，但是你的心灵也是孤独的。这个时候最需要的就是相信自己行，能独立地生活好。也许你会怀念家里美味的饭菜，怀念过去时代的朋友，特别想回到过去那些可以依赖的家人和朋友的身边，回到那个熟悉的环境，但是怀念无法代替今天的孤独，所以请放下怀念过去的情绪，活在当下，努力去处理今天的生活。第一点就是放下过去，相信自己行，然后就开始行动。让自己真正去做点什么，去忙碌起来。

行动一：去学习。上大学主要的本职任务还是读书完成学业。很多人都被高中老师和朋友灌输过，高三好好辛苦奋斗一年，到了大学就轻松了，就可以想干什么就干什么。这句话虽然有一点点道理，因为到了大学相比高三要轻松许多，但是这个话更多的时候是对同学们的误导，大学虽然不是单一的紧张高强度的学习、吃饭、睡觉三点一线的生活，但是要学习和发展的能力真是不少，大学也不是用来放松的地方，而是要尽快找到一个明确的目标，开启一次新的充电起航的关键阶段。你不学习和提升能力，将来拿什么作为安身立命的根本呢？所以如果真的觉得孤独，一个人

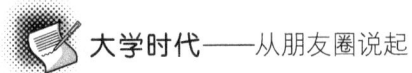

的日子难熬的时候，第一就是花费时间学习自己的专业课。虽然你可能并不知道学习这些专业课程的意义，当然你在大一永远也无法思考清楚这些专业课程的用途，那选择"管他是否有用我先学了再说"的态度显然更为明智。

行动二：去读书。读书和学习一样吗？当然不一样，狭隘的学习是学习专业课程，而读书是更为广泛的阅读。可以选择自己喜爱读的书，可以选择自己不知道的领域的书，甚至秉承开卷有益的理念随便什么书。在 2.9 节我已经分析过书中自有黄金屋的道理，这里就不多说。只想说，当你感觉孤独的时候，就是你的一个成长期来临了，这个时候如果能够充分利用读书来充实自己，对成长的思考会更加透彻，成长的速度也会更快。

行动三：发展一项爱好，或者养成一个好习惯。如果除了学习和读书，你还觉得孤独，那么还可以做的就是发展一项爱好，或是培养一个好习惯。人们都有自己喜欢做而因为种种理由总是搁浅的事情，那就趁着孤独的岁月花点时间，赶紧去做。关于锻炼和习惯的好处在 2.6 节已经讲过，这里就不多说了。

任何时候都记住，当自己被某种情绪困扰的时候，还真是老话说的那样——越想解开越解不开，而且还越理越乱。这个时候不妨把情绪和聚焦点从问题本身跳出来，去行动。在行动的过程中，情绪慢慢地就会淡下来。请相信一切都会过去，时间可以冲淡一切。不信请你回忆一下，你是否还依稀记得小学阶段，也曾经有件什么令你特别烦心的事情，比如别的小朋友不跟你玩，老师不喜欢你，妈妈总是管你太严……这些依稀记起来的烦恼你现在回想一下是什么感觉，是不是觉得当年那些事情都不是事儿。你现在所面临的事情未来也会觉得不是事儿，一切都会过去的，所以不要过多地浪费时间纠结现在的这点不舒服，暂且不管这些不舒服，行动起来吧！

3.6　排解情绪

一个大三的美女碰到了塞心事，所以有点小情绪难以排解。当我们碰到不开心的事情时，我们就会心情沮丧，产生消极感受，这是一件自然的事情。没有人在经历他人的批评后，还会非常开心；人们在得到一个好消息的时候，才会表现出开心和喜悦之情。情绪在一定程度上是一种生理的本能反应，是在一定的行为刺激之后，自发产生的心理感受。

3.6.1　情绪缘何产生

心理学家詹姆斯·兰格提出情绪外周理论，认为情绪是神经系统活动的产物；坎农·巴德学说认为情绪来自于中枢神经系统丘脑的作用；巴甫洛夫的动力定型理论认为情绪是固定的神经联系系统条件反射的结果。无论哪种视角都表达了一个观点，情绪的产生有着生理学基础。当人们碰到一些特定事件之后，神经系统会激活对这件事情的反应，之后通过自我的加工和分解就会产生情绪，这是不会以个人意志为转移的。

每个人都会碰到负向事件，因此就会有负面情绪，情绪有其不可避免性。人们无法控制情绪的有和无，但是可以通过认知和自我调节，通过情绪管理，很好地解决情绪产生之后的问题，从而更好地帮助自己。有人调查了 122 名患过心脏病的人，8 年后发现最悲观的 25 人中死了 21 个，最乐观的 25 人中死了 6 个，结论是乐观者长寿。有人这样保持乐观情绪，别人做了对不起他的事情，他不抱怨别人，而是抱怨自己。因为当你批评自己的时候，你就不再愤怒了。

3.6.2　情绪传染

情绪传染就是情绪在不同人之间的能量互动。比如当家里的成员总是唉声叹气的时候，你是不是会因为家里的低气压气氛，导致自己的情绪也会比较低落。当看到别人因为某事着急的时候，这种紧张的气氛是不是也会令你产生一些紧张不安的情绪。虽然这种互动效应通常都是非常微弱的，但是不同的情绪带有的不同能量，产生的影响确实存在。人与人之间的这种相互情绪影响，对人际相处也会产生一些影响。倘若常在他人面前任由负面情绪决堤，丝毫不加控制，久而久之，别人会视我们为难以相处之人，甚至将我们列为拒绝往来户。反之，若常面带微笑、多赞美他人，以亲切态度与别人和谐相处，人际关系自然会逐渐改善，从此人生也变得较不寂寞、孤独，而且处处有人相伴共度人生岁月。

在人与人之间最初的相处过程中，彼此印象的形成就受到彼此情绪的影响。乐观、开朗、外向的人会让人更加喜欢。在人与人长期相处之中，情绪的相互影响在相互关心的人之间更加明显。坏情绪会使得对方的情绪变得恶劣，从而使他讨厌你，而良好的情绪也能感染对方，让他愉快地接受你。

3.6.3　情绪管理

很多时候，周围的人对你的感受和评价，是从你的情绪中获得的。学会控制调节自己的情绪是每个人要学习掌握的本事。

释放是掌握情绪的核心关键词。

根据能量守恒的原理，这个世界上的能量既不能凭空产生也不能凭空消失，只能进行传递和转换。消极情绪是身体系统产生的一种负能量，根据能量守恒的道理，这种负能量不会凭空消失，只能通过一定的方式将这种负能量排出体外。这个过程就是排解情绪，让正能量平衡掉负能量。这个过程的关键词就是让能量充分释放，也就是我们通常说的宣泄，通过一定的方式让产生的负能量从身体内部释放出来，达到能量守恒的结果。

有很多方法可以帮助释放掉负能量，疏解情绪。

（1）宣泄——说出来

能量产生后不能消失，我们必须通过一定方式把其消解掉，第一种方式就是宣泄出来。

当人们心情不好的时候，容易看什么都不顺眼，很多平常可能不在意的小事情都会成为吵架发生矛盾的导火索，所以心情不好的时候人与人之间更容易发生冲突，其实也就是用"冲突（吵架）"的方式，把负能量排解掉。这种冲突从疏解不好情绪的角度来说有一定的释放作用，能够起到释放情绪的作用。但是这种宣泄方式肯定不是一种好方式，先前的负能量虽然释放了，但是又会产生新的麻烦。除了"冲突（吵架）"是宣泄的一种方法，其实还可以有很多说出来的方式。通常我们大家都会做的是找人说，找好朋友或者值得信赖的人，把自己不满的、不舒服的地方告诉对方，从而达到缓解情绪的目的。找说话的人也需要注意找能够听自己说的人，所以通常大家都会找闺蜜或者哥们儿，因为大家的观点接近、彼此了解，容易达到释放的目的。这个时候不得不说一下，要不要跟异性的朋友说。同性之间因为生理差异小，如果是脾气秉性相投的朋友一般更容易取得理解。异性之间由于生理差异的存在，即使非常重视彼此的对方也可能因为思维方式、处理问题的方式不同而不容易取得共识。所以如果仅仅是选择宣泄对象，当然是同性之间好些。

还有一种可能，自己的这些话不想跟其他人说，那么通过说出来达到宣泄目的也是有方法的——可以自说自话。比如可以自己边说边用手机录下来，然后再把其删除；或者拿一个水杯，盛上水，然后对着这个水杯

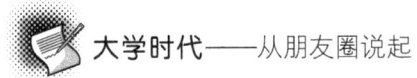

说，说完之后，再把这个水倒了。这种说出来，并且通过删除和倒掉的过程，也能起到能量释放的作用。

自言自语的宣泄方法还有一种，就是写出来。有些人心情不好的时候会写日记，这其实也是一种宣泄方式。最开始的时候你可以想写什么就写什么，不用整理和思考，之后如果你再把写的这些内容撕掉，一点点把纸张撕碎，也能起到能量宣泄的作用。写出来即使不撕掉，在看似随意地写的过程中也会逐渐令混乱的思绪经过整理变得理智起来，从而达到提高思考力和疏解情绪的作用。

（2）转换——动起来：运动帮助释放

如果你不想直接地发泄出来，那还可以通过转换的方式，让能量得以释放。通过运动将负能量释放掉，转换成肌肉的力量。通过运动你会加大身体新陈代谢的效率，流汗、加速的心脏运动、肌肉活动等都是能量转换的方式，通过这种转换会起到调节心情的作用。所以如果心情不好，就去运动场或者健身房让自己动起来。跑步、打球、游泳都是很好的能量释放的方式。让自己大汗淋漓一下，一定会倍感身心轻松。

当然还有冥想、瑜伽等运动虽然不会让你大汗淋漓，但是也是一种很好的能量释放的运动方式。冥想时静静地坐在那里，通过将混乱的思考放下来，本身就是达成了让能量释放的过程。瑜伽的各种拉伸动作，得到的结果也是内心的平复，能量的释放。

不爱运动的你怎么办？很多人说自己不喜欢动，就喜欢静静待着。其实在2.6节中，笔者已经写过锻炼的好处了，如果你被说服，那就学习动起来，养成一个运动的习惯吧。当然，如果真的不喜欢运动，那也可以通过其他方式释放能量，比如下面要讲的转移和升华。

（3）转移——干点什么：画画，听音乐，干家务，逛街，吃零食

转移就是做点自己喜欢的事情，让负能量转换成满足感，从而达到能量转换的效果。干点什么就是做自己喜欢的事情。比如可以画画、听音乐将自己内心压抑的东西，通过画画表达出来，通过听音乐释放出来。画什么、听什么，要根据自己的习惯自己去找寻。有的人可能平时喜欢听舒缓

的慢音乐，心情不好的时候可以尝试听听劲爆点的音乐，让自己兴奋起来，从而释放能量。

用行动转移法调节情绪。心情开始不好的时候，去忙忙别的事情，使自己没有时间去思考不愉快的事情，这也是一种有效的办法。

行动派还可以做其他的，比如干点家务。把房间打扫干净、把凌乱的物品摆放整齐，等于对本来混乱的心情进行了整理，也能达到疏解情绪的作用。

有的人还会选择逛街、购物，逛街、购物的运动量有的时候不比跑步小，另外还可以看自己喜欢的东西，也是一种不错的行动。不过要提醒的是，心情不好的时候可能会买一些自己平日里没有用的东西，因为购买是一种很好的心理满足，通常可以将坏情绪成功转换。但是这种转换有个陷阱，购买完毕之后，可能会因为严重超支或者没有用而沮丧。所以心情不好的时候购物可以给自己限定一个额度，这个额度即使花了也不会让自己太心疼，那么就会很好地避免大出血之后的后悔。当然"土豪"是完全可以不考虑这些的。

吃东西也是人们尤其是女性选择的一种疏解情绪的方法，大吃零食、垃圾食品，带来满足感，引导身体能量去消化这些食品，都能在一定程度上起到宣泄的作用。但是吃太多，人会变胖，这个副作用可不小，得花好多工夫去减肥。所以吃东西宣泄可不太提倡，只是由于它比较省劲，很多人都会选用。那么就一定要给自己定个限度，吃一些满足一下就及时作罢，另选其他排解的方式去吧，千万不要暴饮暴食，从而导致厌食症之类的不好的结果。

（4）升华——积极地干点什么：工作，培养一个爱好

比转移境界更高一点的疏解情绪的方式就是升华。主旨仍然是干点什么，但是强调干点更加积极的事情。有的人会投入到学习和工作中，更加积极地投入去学点什么，或者做点什么。当人们心情沮丧的时候，会表现出来对什么都没有兴趣，不想去做。但是如果任由自己不想去做，就一直不去做什么，这样是一个很危险的事情。最好的方式就是通过宣泄和放松将负向

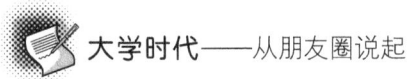

能量释放之后，就尽快去做点什么。哪怕很小的一个行为，只要自己喜欢的，有积极成果的，就尝试去做。在 3.7 节，我们将重点分享如何去做。

3.7　应对压力

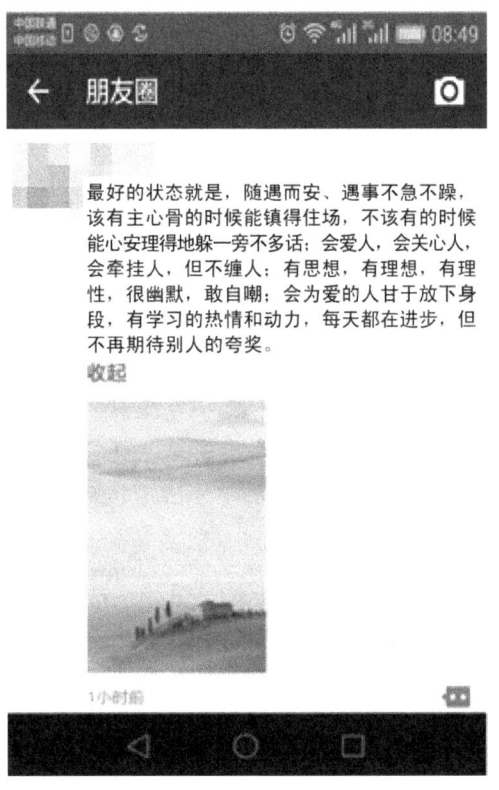

这是一个大二女生描述的最好状态："最好的状态就是，随遇而安、遇事不急不躁，该有主心骨的时候能镇得住场，不该有的时候能心安理得地躲一旁不多话；会爱人，会关心人，会牵挂人，但不缠人；有思想，有理想，有理性，很幽默，敢自嘲；会为爱的人甘于放下身段，有学习的热情和动力，每天都在进步，但不再期待别人的夸奖。"

这段话总结了人应该如何成熟地面对生活，仔细看一下，会发现其实一个人最好的状态就是和自己的内心交流的好，和他人相处的好。这些道理在我们心情好的时候都容易想明白，并且努力去做；但是一旦我们的心情不好，情绪消极的时候，就变得不那么容易了。当一个人面对压力和负向情绪的时候，如何面对问题、解决问题，倒是决定了一个人状态好坏的主要因素。如何面对压力，我想在短暂的情绪宣泄之后，必须有三步工作要做，我称之为压力应对三步曲。

3.7.1 步骤一：面对压力，坦然接受问题

古人有句话说"泰山崩于前而面不改色"，语出苏洵《权书·心术》。形容沉着镇静，遇事不慌。面对压力人们都通常会有负面的情绪产生，这个时候要进行积极的自我教育，训练自己达到泰山崩于前而面不改色的境界。

积极开动大脑，针对压力现象进行思考，找出使自己情绪不好的原因，努力排除它。当你情绪不好的时候，你要问一下自己，是什么使自己不高兴？然后想想这件事是否真的有那么重要？往往是大家觉得很重要的事情，而自己感觉无力掌握的时候，才感觉倍受压力。那么面对已经了解的问题需要用积极的观念去坦然接受问题。

问题来了，无法自行解决掉，只能依靠"我"自己去把问题解决掉。任何时候问题来了都没那么可怕，说明锻炼你的机会来到了，反正问题来了都没有可能自己跑掉，与其被问题烦着，还不如勇敢地去面对它，把它当成成长的机会，学会享受解决问题的过程。

用自我暗示的方法积极鼓励自己。如果你能掌握一切那自然不会存在压力和焦虑感了，正因无法完全掌握，人们才会觉得很无力，这种无力感往往是不良情绪产生的原因，只有通过问题的解决才能完全消除，这是人的神经系统调节的结果。但是可以通过自我鼓励的方法，帮助自己一定程度上缓解这种现象。例如，对自己说"我是×××，×××是最坚强的！""×××，你行的，加油！""×××，我是乐观的，我能解决这个问题"，等等，这样具有自我激励性的言语。可以在自己心里默默念出来，也可以自己对自己说出来，这种积极的暗示能够调节情绪，帮助自己勇敢面对

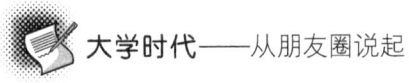

问题。

通过向下自我比较法，对自己进行正向地鼓励，帮助自己勇敢面对问题。如果遇到倒霉的事情怎么办？你要想还有人比你更倒霉，我们大部分人都不是这个世界最惨的人，你抱怨买不到合适的鞋的时候，有人可能连脚都没有；你抱怨上司对你不公的时候，还有很多人没有工作；你抱怨自己没钱没房的时候，很多人还停留在无法吃饱的阶段；你沮丧于没有一个好爸爸的时候，还有人连父爱母爱都没有完整得到；你抱怨自己不能睡懒觉的时候，还有很多人可能彻夜未眠。凡是你碰到困难的时候，不如想想这个问题的另一面，一定有人比你还惨，一定有更大的困难别人正在经历和面对。

通过水晶球想象法，对自己进行正向鼓励。请回忆一件5年前或者10年前觉得天大一样困难的事情，现在是感觉怎样？是不是当年觉得无法逾越的困难，在今天看来都是小菜一碟了？小的时候因为自己喜欢的男孩子不喜欢自己，是不是特别沮丧过，觉得自己一无是处，但是现在回想起来会觉得如此可笑；几年前觉得高考的日子简直暗无天日，现在想想高中生活那么简单、单纯；曾经和好朋友因为一个误会变得水火不容，现在想来那些都不是事。你有这样的感觉吗？如果你也有这样的感觉，那么当下的困难在未来的日子里也不过是这样的感觉，所以面对当下的困难时，假想自己置身于一个梦幻水晶球，不妨想象一下，若干年后这个问题根本就不是事儿，然后回到现实让自己勇敢起来，去面对问题。

通过重新发现法，转换思维模式，找到乐观之处。有这样一个故事：三个建筑工人盖房子，砌一堵墙，这个工作很无聊，让人觉得非常没有意思而且无成就感，当时三个工人面对这个相同工作的时候，表现却非常不一样，第一个工人干着干着就不耐烦了，"反正又不是我住的，费那么大的劲干吗？"于是他加快速度，草草完工，结果房子看起来摇摇欲倒。第二个工人干了一会儿也感到枯燥了，"但我既然收了别人的工钱，就有责任把这件事情做好，"于是，他继续认真地干活，一丝不苟地完成了工作。第三个工人干着干着变得快乐起来，"这件无聊的工作也可以通过努力变

得有趣味，于是他在周围种一些花草，修了一扇篱笆，把枯燥的事情变得
有趣味。"三年之后，第一个工人失业了，没人再敢聘请他。第二个工人
仍然认认真真地干着老本行，一切没有变化。第三个工人却成了全市出名
的建筑大师，他设计的房子风格独特、美轮美奂，受到了人们的欢迎。这
个故事其实告诉你，任何现象你都能找到不同的可能来解释。如果你经常
用某种视角思考问题，且常常陷入困境和压力的时候，不妨努力让自己转
换一下思考的视角，重现发现一下其他的可能性，也许面对压力和困难的
时候感觉就会不一样。困难通常不会自行消失，但是可以通过看待他的视
角变化，而让其发生转换。乐观的面对问题才是王道。

3.7.2　步骤二：强迫制订计划，执行之

当第一步能够完成的时候，接下来就简单很多。当能够平静地面临问
题的时候，就尝试面对问题，开始分析自己面对的困难。首先用最坏法分
析当前的困难：分析一下自己面对的困难最不好的结果可能是什么，发自
内心的问问自己这个不好的结果出现的时候，自己会失去什么，接受这个
最差结果会是怎样的境遇。其次尝试接受这个最坏的可能：接受这个最坏
可能，看自己需要为了这个最坏的可能做哪些准备。接受最坏结果之后，
你就没有那么害怕了，最后尽量地去看一下接受这个最坏的可能后果，自
己可以做点什么积极的事情帮助事情尽量向好的方向发展，给自己制定一
个小目标，设计一个可以行动的小计划。最后督促自己尽量按照计划
执行。

3.7.3　步骤三：解决问题，关注行动

解决问题的时候，困扰仍会时常缠绕，当不好的情绪又来的时候，告
诉自己既然最坏的都能接受，就不去想那么多，关注行动就好。然后按照
计划执行的时候，尽量把行动目标变成一个个小的目标，每实现一个目标
就记得正向激励一下自己，通过一个个小行动的执行，帮助自己沉浸在过
程中，不要被负面情绪过多困扰。

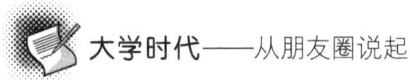

3.8　注重细节

我们坐地铁的时候想必也看到过帖子中这个女生看到的场面吧。一个人整个身体都环绕在一个手扶杆上，然后专心致志地看着手机，旁若无人，即使旁边的人很多、地铁晃来晃去、周边的人没有可扶的地方时，这位主儿也丝毫没有察觉。

3.8.1　细节需要用心发现

细细回想起来，笔者似乎也曾经出现过这种情况，当时自己如此做的时候也没有想到那么多，唯一能给自己找的借口就是当时地铁人不是很多，人多的时候自己一定不会这么做。

其实很多时候，人做事情的时候都想尽量做得周到，但是还是有很多时候因为自己无法想得那么周到，忽视了很多的细节。接下来就说说细节问题。

微信中流传过著名的成功女人杨澜的一篇文章，作为女人，你必须精致。文中杨澜通过和两个英伦老太太的过招，讲述了注意着装、穿高跟鞋和涂口红不仅是对他人的尊重也是对自己尊重的故事。我第一次看到这篇文章就想到一个人必须注意自己的形象，任何一个细节都可能造就你，也可能毁了你。

3.8.2　注重细节的出发点

细节是一种能影响全局的细微的易被忽略的物件或行为，简单地说就是小的事情。这里提到的"细节"主要是个人对自我形象管理中涉及的细小的事情。很多小事情你可能不以为意，但是其实别人却深深地在意，因此对你形成了一些与你初衷不同的印象。注意细节，不是你想就能做到，从想到做的路上，需要个人付出很多。需要尽量了解你所处的文化圈，你所接触的其他人，简单讲就是多多了解多元文化、多样环境、不同的人。可是怎样了解呢？其实前人有句话已经概括得非常好了，读万卷书，行万里路。多看，多听。可以看书，可以看世界，可以听他人说，听各种媒体说，还需要将听到的、看到的经过自我加工，变成适合自己的一些准则和行动。所以注重细节不是想想就能做到的那么简单的事情，它是一个人能力的体现，是充分学习之后的一个综合能力的体现。所以一个小小细节，能做到并不容易，你要会学习、能洞察，还能够有很好的行动能力，才能做得好。

如何做好细节，我想有很多很多可以做的事情，不过有一个判断标准：你做的每件事情，尽量不影响别人，尽量给别人带来舒服的感受。如果这两点能做到，在与人交往中你的细节注意就基本达标。

日常有些小策略也可以尝试变成自己的习惯，比如，多说一声"谢谢"，多让自己的嘴角上扬保持"微笑"，养成检查的习惯，与自己比能做到的，再多想一点，日常有意识地训练自己这些细节，慢慢帮助自己养成注意细节的习惯。

以下是刚刚提到的杨澜的那篇文章，转引如下，相信一定会对大家有帮助。

作为女人 你必须精致

（文：杨澜，整理：Jennifer，来源：Jennifer 公众号——邀你瞎逛逛）

1995 年的冬天，如果我再找不到工作，灰溜溜地回国几乎成为唯一的选择。

可我再一次被拒绝了。想起那个面试官的表情，我非常想抓狂。她竟然说我的形象和我的简历不相符而拒绝继续向我提问。我低头看自己的打扮，很明显，因为穿着问题，我被她鄙视了。我发誓我可以用我的能力让她收回她对我的鄙视。但我没有得到表现我的能力的机会。

我的房东莎琳娜太太是一个很苛刻的中年女人。她规定我必须十二点之前熄灯睡觉，规定我必须在十分钟之内从浴室出来，规定我如果不穿戴整齐就不准进入她的客厅，不准我用她的漂亮厨房做中餐，她甚至规定我在她有客人来访的时候必须涂口红！

我非常讨厌莎琳娜这种所谓的英伦女人的尊严。但所有人都说，莎琳娜是最好的寄宿房东。

我看不出她好在什么地方。就好比，当我很多次面试失败回来后，厨房里一点吃的都不会有。并且如果我上楼发出声音，她会站在卧室门口很大声地指责我。

我刚刚洗完头发，坐在床上一边翻看报纸的招聘信息一边吃我带回来的面包卷。这严重违反了莎琳娜的原则。她冲上前来，一把夺过我的面包和报纸，用英文大吼：你这个毫无素质的中国女孩！你滚出我的家！

于是我披散着头发，在睡衣外裹上大衣冲出了门。

二十五年来，我以非常漂亮的成绩和能力一路所向披靡。从来没有人说我没有素质。

我们家并不贫穷，但二十五年来我的妈妈一直告诉我，能力才是最重要的。我不能明白以貌取人在这里居然成为一个正义的词语。这简直是对我二十五年的人生观的侮辱！

我愤怒地冲进一家咖啡馆。天气实在太冷。我也很饿。

咖啡馆里的人居然很多。侍者以一种奇怪的眼神把我引到一个空座位边。那是咖啡馆里唯一的空位。我的对面是一个英国老太太。她看起来比莎琳娜更加讲究，就像伊丽莎白女王一样尊贵与精致。我不由下意识地收起自己宽松睡裤下的运动鞋。然后我看到她裙子下着了丝袜和穿了漂亮高跟鞋的腿，以她这样的年纪，却仍然把这样的鞋子穿得非常迷人。

　　在欧洲的很多高级餐厅里，衣衫不整是被拒绝进入的。我想我能进来的原因大概是因为我穿了价值不菲的大衣。我不由得暂时收起自己的愤怒，说：给我一杯热咖啡。谢谢。

　　侍者走开后，对面的老太太并不看我。而是从旁边拿了一张便笺写了一行字递给我。是非常漂亮的手写英文：洗手间在你的左后方拐弯。我抬头看她，她正以非常优雅的姿势喝咖啡，没有看我半眼。我的尴尬无以言表。第一次觉得不被尊重是应该的。

　　我的头发被风吹得非常凌乱，我的鼻子旁边甚至还沾了一点面包屑！虽然我的大衣质地非常好，但我的睡裤被它衬得很老旧。我第一次有点看不起自己。这样的打扮，我有多不尊重自己，以致使别人觉得我也不尊重她们。我想起下午去面试时自己的日常便装，那应该也是对一个高级经理职位的不尊重吧？

　　当我再回到座位的时候，那个老太太已经离开了。那张留在铺了细柔的格子的餐桌上的便笺多了另一句漂亮的手写英文：作为女人，你必须精致。这是女人的尊严。

　　我逃也似的走出了那家咖啡厅。莎琳娜竟然坐在客厅里等我，一见我就对我说我超过了十二点十分才回来，所以明天必须去帮她清洗草坪。我答应了她，并向她道歉。

　　我发现莎琳娜教了我许多同样有用的东西：十二点之前睡觉能让我第二天精神充足，穿戴整洁美观能让别人首先尊重我，穿高跟鞋和使用口红使我得到了更多绅士的帮助，我开始感觉自己的自信非常充足而有底气，我不再希望别人看我的简历来判断我是不是有能力。

　　我最后一次面试，是一家大化妆品公司的市场推广。我得体的着装打扮为我的表现加了分。那个精致的干练的女上司对我说：你非常优秀。欢迎你的加入。

　　我没有想到，我的上司居然就是我在咖啡馆里遇到的那位英国老太太。她非常有名！是这个化妆品牌销售女皇！

　　我对她说：非常感谢您。

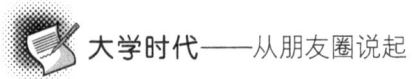

是真的非常感谢她。非常感谢她那句：作为女人，你必须精致！虽然她没有认出我。

是的。没有人有义务必须透过连你自己都毫不在意的邋遢外表去发现你优秀的内在。你必须精致！这是女人的尊严。我在后来的后来，都一直记得。

3.9　接纳，做一个包容的人

这张朋友圈截图，你看到的是"你在提升自己的时候，也会遇到同等水平的人"这句话吗？其实我想说的是下面这句话"感觉好多人我都遇到过。对这种人呵呵了之，他们不值得你去发怒。"这句话，你看到了什么？

这是一个男生对自己宿舍的某位同学的感慨。这位男生感觉宿舍有个男生特别虚伪，他自己的性格又特别直率，看不惯对方那个样子，经常会因此发生一些不愉快。

3.9.1　人与人之间的差异

想来你肯定也碰到过这样的人，差异特别大。以下是随机调查了一个班同学列举出来的相互差异的例子。

● 作息时间不一致，晚睡的同学上网看视频，说话影响早睡的同学，该怎么处理和沟通。

● 饮食习惯很不适应，起居时间不适应，睡觉前打电话，晚上打呼噜，晚上说梦话打扰人休息。

● 宿舍四个人来自不同的地方，各自有不同的习惯，不经意间就会产生小摩擦。大一、大二就经历过这样的事情，自己无意间做的事情在同学眼中却是碍眼的，最后引发冲突。

● 宿舍中同学们有时会因小事闹矛盾，每个人的习惯都与别人不同，有的人喜欢早起，有的人喜欢直接指出他人不足，有的同学认为接受不了，太烦！

● 来自不同的地区，生活习惯不一样，看待问题的方式也不同。

3.9.2　求同存异

面对差异，该如何相处呢？有四个字的法宝：求同存异。中华人民共和国刚成立的时候，外交上没有什么朋友，人家大多都是资本主义阵营的，我们是社会主义阵营的，这该怎么相处呢？毛主席和周总理最后就确定了一个方针：求同存异。用了"求同存异"这种方式方法后，我们国家的朋友才逐渐多了起来。

宿舍相处也是一样的，大家彼此因为文化、家庭背景、地域不同，导致性格差异的天然不同，每个人都秉持自己的观点并拒绝改变，如何能友好相处呢？这就要靠"求同存异"了。

发掘并发展彼此的相同点，差异各自保留，我的是对的，你的也是没错的。接受彼此，尊重彼此。不要试图改造别人，觉得自己是对的，就希望别人也能按照自己的想法去做，试图让别人听自己的。其实很多时候集

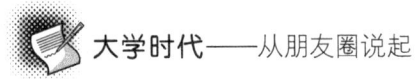

体相处的生活锻炼的是一种忍耐。俗话说，忍字头上一把刀，这个忍耐的过程必然是不舒服的，甚至还是痛苦的，但是当你学会了忍耐，你就经过了一次刀山火海的考验，想必会成长不少。

3.9.3 无力沟通

当然，求同存异的过程还会碰到一个问题，有些人似乎并不领情，我已经本着容忍的原则相处，怎么还不行呢？你的宿舍周围有这样的人吗？

●有的人很难理解，对她好，她就是不能和睦相处，刚开始还可以相互理解，但是后来还是很难正常相处。

●宿舍有的哥们说话太偏激，不同的事情总有不同的想法。有的人喜欢抬杠，讨论一个词怎么读都能吵起来，能就自己观点不断论述开来。

●六个人的宿舍实际上只有五个人，其中一个舍友脾气比较怪，我一直对他挺好，给他帮忙，但是他一直对我爱搭不理，对其他舍友也是这样，他这样做使我感到很郁闷。

●不知道是不是因为地域差异的原因，我觉得我和某两个室友有许多不一样的观念，特别是在审美取向上，我并没有直接说出过我的想法，但是每次她们让我对某些东西做出评价的时候我就觉得很为难和尴尬，有时他们会试图说服我，这让我觉得很不舒服。

●有的舍友平时感觉跟他说话挺难的，原本很轻松的话题他却很认真，比如开玩笑显得特别认真，经常尬聊。

●有的人太不注意个人卫生了，而且还经常挤占公共空间，有的时候还随意使用别人特别隐私的东西。

3.9.4 珍惜、接纳

对于彼此差异太大的人，没有什么更好的方法能够让彼此融洽相处，所以我们首先应该定位清楚彼此相处的原则，这个原则中有两个词特别需要记住。

第一，珍惜。按照招生规模2500人的一所高校来说，每年700万高考学生，其中 2500 人考到一所大学，你们能分到一个宿舍起码也是 250 人中选 1 人的概率命中的，这是什么呢？是缘分，有缘才让彼此从 250 个人中碰到了一起，这么难得的事情不管是合还是不合，都应该珍惜这来之不易的缘分，因此对待缘分首当其冲地告诉自己两个字"珍惜"。

第二，接纳。首先接纳自己，客观地认识自己。每个人都是既有优点又有缺点，对待自己时既不能自卑地觉得自己什么都不如人，也不能自负地认为自己什么都比别人强。要客观分析自己的优缺点。其次要接纳和你有缘在一起的同宿舍所有的人。每个人表现出来的样子无论在你看来多么无法理解，肯定都有他的原因，他和我不一样也是正常的，我的是对的，别人的也不一定是错的，不要去否定一个人，因为世界上不一定就只有你的观点是对的，要允许不同的观点存在。

最后还需要思考一个问题，你珍惜和接纳的受益者是谁？答案是你自己。当你因为看不惯别人，忍耐能力较低忍受不了的时候，你自己是不是感觉也很难受？当你和别人发生争执和矛盾，甚至拳脚相向的时候，你自己是不是同样也很难受？其实冲突和矛盾并不能让自己快乐，真正的快乐是彼此相容带来的平和，因此秉承让自己快乐的原则不能变，那么我们就要学习如何与他人平和相处。

3.10　体谅他人，换位思考

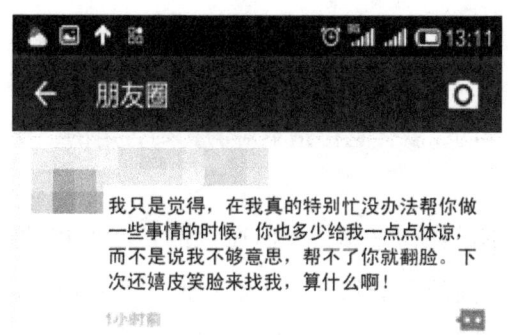

我只是觉得，在我真的特别忙没办法帮你做一些事情的时候，你也多少给我一点点体谅，而不是说我不够意思，帮不了你就翻脸。下次还嬉皮笑脸来找我，算什么啊！

1小时前

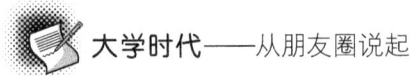

这是一个大一女生写出的一段话："我只是觉得，在我真的特别忙没办法帮你做一些事情的时候，你也多少给我一点点体谅，而不是说我不够意思，帮不了你就翻脸。下次还嬉皮笑脸来找我，算什么啊!"这是一段抱怨的话，小作者被宿舍里的不够体谅他人的同学惹得有些恼火，写下了这些文字。

3.10.1 严以律己，宽以待人

回顾一下事件经过：甲最近特别忙，学生会有个重要的事情要干，作为部里的成员尤其又是一年级的干事，责无旁贷地承担了最基层、最烦琐的一些杂事，占据了自己业余的大部分时间，除此之外还要顾及学习，真的很忙。这时候同宿舍的乙让甲帮个忙，帮自己做张图。由于太忙了，没能第一时间帮助乙做好这件事情。结果就招致了乙的一些不满和指责。虽然事情不太大，也没有闹得特别不愉快，但是被人批评和否定对一个人的感受总不是很好，所以就有了这个帖子。

这个帖子让我想到了一个问题，就是每个人如何体谅自己，如何体谅他人。古人有句话是：做人要"严以律己，宽以待人"。但仔细想想，真正做的时候，我们很容易就做成了"宽以律己，严以待人"。为什么呢?这是因为每个人做人、做事都有自己的解释体系，大部分情况下都认为自己做的是对的，那么当别人表现和自己不一样的时候，你的心理本能自然是要维护自己的想法和做法的，通常会认为和自己不一样的是错的，基本上没有人能够做到否定自己肯定别人。所以很多时候我们表现出来，就是认为自己是对的，当然是要做的、要支持的，这就是"宽以律己"，但是对于和自己不一样的，就会觉得是不对的，要否定的，要改变的，这就是"严以待人"。

所以，如果不做任何干预，人们通常都是"宽以律己，严以待人"，但是为了人与人之间的和谐相处，就要主张"严以律己，宽以待人"，想学会后者，需要进行很大的自我调节和自我发展。

3.10.2　宽容别人

宽容别人，需要充分理解人与人之间的不同。你只是这个大千世界的一个小分子，你的想法和观点仅仅代表你自己，肯定有和你想的一样的人，但是更多的时候是和你想的不一样的人。接纳一切和自己不同的人和事是每个人在成长道路上需要练就的一种重要能力。

为他人找借口。每个人做的每件事情、进行的每个行动都会有属于自己的理由，这个理由就是所谓的动机。每个人了解自己，所以也能了解和分析自己的动机，而且这种动机都是宽容自己、让自己快乐的。但是对于别人的动机，每个人解释差异就很大了。如果正好和自己的价值观一致，那么肯定的居多。但是当跟自己的价值观不一致的时候，就要看对自我有没有直接影响了。如果对自我有影响，人们持否定态度的可能性更高；如果对自我没有影响，肯定和否定就都有可能了。一个人需要做到体谅他人、换位思考，不应该陷入这种因为跟自己的理解不同而有不同评价的可能，而应该尽量依照事件的本身来做评价。这时候需要的一项能力，就是给他人的行动找借口，找那种对自我不需要影响和带入的借口，从而帮助你自身从评价中脱离出来，更加客观地进行评价。

举个例子，你回到宿舍，发现本来热热闹闹聊天的舍友们突然安静下来了。这个时候你会怎么想？如果将自己带入其中，觉得和自己有关系，可能就会想：是不是在说我呢，而且是说我的不好，所以我一进来就不说了；他们是不是不喜欢我，所以我一回来不想跟我说话，所以就假装不说了。但是懂得给他人找借口的人，不应该把自己带入，应该本着让自己高兴的可能去找借口。可以想：他们正好说完了，所以不说了；他们不说跟我一点关系都没有，我做自己该做的就是；没有问题的情况，我不必太在意。这种不把自己带入的解释体系，才有可能不让自己由于过于敏感，而带来对人际关系的消极影响。

3.10.3　让他人舒服

在3.9节讲了，让自己快乐其实更多时候是让自己学会忍耐。学习忍耐的标准就是能否让别人舒服，并且自己在别人舒服的这种状态下也不难受。李嘉诚作为商界大佬、华人首富的地位多年不为撼动，跟他有关的有很多故事。曾经听到过这样一个故事，万通总裁冯仑在参加李嘉诚组织的一次晚宴后大为感慨。在他看来，作为华人世界的"财富状元"、大陆商人的偶像，76岁的李嘉诚应当是这样出席这场聚会的："一般伟大的人物都会等大家到来坐好，然后才会缓缓过来，讲几句话，如果要吃饭，他一定坐在主桌，有个名签，冯仑等企业界20多人中相对伟大的人会坐在他边上，其余人坐在其他桌，饭还没有吃完，他就应该走了。"冯仑觉得这样是可以理解的，"因为他是伟大的人"。

但当包括冯仑等30多位企业家访问团的代表进到电梯口，开电梯门的时候，李嘉诚先生已在门口等候，然后给他们发名片，这已经出乎冯仑的意料，因为他的身家和地位已经不用名片了！但是，他像做小买卖一样给冯仑他们发名片。

发名片后，冯仑他们一个人抽了一个签，这个签就是一个号，就是确定冯仑等人照相站的位置，是随便抽的。冯仑当时想为什么照相还要抽签，后来才知道，这是用心良苦，为了大家都舒服，否则怎么站呢？

抽号照相后又抽个号，说是吃饭的位置，又是为了大家舒服。冯仑抽到的正好是挨着他隔一个人的位子，冯仑以为可以就近聊天，但吃了一会儿，李嘉诚起来了，说抱歉我要到那个桌子坐一会儿。后来，冯仑发现，李嘉诚在每一个桌子坐15分钟，总共4桌，每桌都只坐15分钟，正好一小时。在宴会中，大家请李嘉诚先生说几句，他推辞不过，就说我把生活当中的一些体会与大家分享吧。

他讲的是"建立自我，追求无我"，就是让自己强大起来。要建立自我，追求无我，把自己融入生活和社会当中，不要给大家压力，让大家感觉到你的存在，接纳你、喜欢你、欢迎你。

一位古稀的老人，一个商界牛人都还在想着别人，尽量让别人舒服，作为芸芸众生中小人物的我们，怎么还能有理由不去学习和考虑一下如何让别人舒服呢？

多一个可能的视角理解问题。人生活的世界其实是一个很复杂的系统，所有的现象都可以用多种视角去看待、去解释。作为个体，思考问题的时候，不妨多去思考几种可能性，然后找一种既让自己心情好、也能让别人舒服的最好的可能。举个例子，比如宿舍里面，你觉得你很热情的对某个人，可是似乎那个人总是对你爱答不理。对于这样一种现象，如果你去想："不理我，我还不想理你呢。"这个想法就会让你和对方结下了一个心结，觉得这个人对你不好。这种心结积多了，就会产生隔阂、甚至矛盾。那还可以怎么想呢？你可以多找几种可能性：比如"他可能是心情不好，所以没有理我。""他没有听到我说的，所以没理我。""我说的不太清楚，别人可能不觉得是我对他说的。"这几种可能性，并没有把他的行为归结到对我的不善，所以我也不会纠结和难受。所以多想几种可能性，并且选择那些让自己不难受的可能性解释，会让自己不那么心累。

最后还是要提醒，体谅别人最终不是为了别人，不是说仅仅为了让别人好受，更主要的是让自己处于一种良性的人际循环中，最大的受益者其实是自己。

3.11　助人和求助

助人为乐，是人与人之间倡导的一种利他行为和精神。但是下图中这条朋友圈的主人公似乎没有那样的好运气，需要帮助的时候没有得到帮助，于是发了朋友圈，唠叨一下。原来这位美女手机没电了，最主要的是还在非常需要手机的时刻，需要通过手机联系彼此才能够接到人的时刻。但是她并没有成功。想必最终这位美女还是顺利接到人了，要不然她的情绪会更激动、气愤。

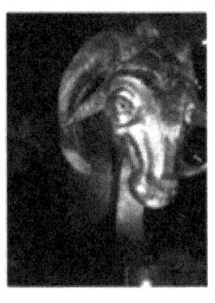

3.11.1　助人行为的前世和今生

这里说说助人这个利他行为的前世和今生。

人们通过采取某种行动，一方面满足了自己的需要，另一方面又帮助了别人；在某些极端情况下，人们可能会不惜放弃自己的需要来满足别人的愿望。这种能够给别人带来好处的行为我们就称之为利他行为。社会心理学家认为，"亲社会"是合乎社会道德标准的意思，它与"反社会"，即违反社会道德标准是相对的。"利他行为"，这个概念不仅强调行为结果上的利他，而且强调动机上的利他。一般地讲，利他行为是指关心他人的利益而不考虑自己利益的行为。它是一种不期待任何报答的自觉自愿的有益于他人的行为。

人们做出利他行为受到很多因素影响，比如环境因素，要帮助的对象的特征，实施帮助的人的特征，甚至气候原因都可能影响人们是不是会施以援手帮助他人。比如2011年，广东佛山小悦悦交通事故的事件中，7分钟内被两度碾压，7分钟内女童身边经过的十几个路人，都对此冷眼漠视，只有最后一名拾荒阿姨陈贤妹上前施以援手，由此引发网友广泛热议。后来有些分析说第二辆车在大雨中可能真的没有感受到自己碾压到小悦悦。可能有部分司机一定能体会到那种在暴风雨的夜晚开车，由于天气造成的因素，确实会发生对环境不敏感的现象，从而成了不施以援手的"看客"。

但是，笔者想多聊一些的是：助人为乐的倾向源于生理本能。其实帮助别人是基于人的本能的生物性的一种需求。达尔文（C. Darwin）曾经指出，经过一个自然选择的过程，有利他天性的生物更有可能使它们的物种留存下来。这一观点已经被当代著名的社会生物学家威尔逊（E. O. Wilson）所证实。例如，斑鸠母亲在看到一只狼或者其他的食肉动物接近它的孩子时，它就会假装受伤，一瘸一拐地逃出穴窝，好像翅膀折断了一样。这样，食肉动物就会跟踪它，可以吸引食肉动物开展一次比较容易地捕食，从而达到保护孩子的目的。这是动物界的一种利他行为。人作为高级动物，是自然淘汰的优胜者，那么必将具备了动物中对整个群族发展有利的这个利他本性。所以我们时常听说，妈妈在地震或者交通事故中为了保护孩子不惜让自己处在危险高很多倍的环境中；交通警察会在关键时刻推开肇事者自己被车撞。这就是人的本能发出的行动信号。

当然，人的助人本性是有前提的，首先是自己没有被伤害的可能，个体不会受到威胁；其次，这种助人行为一定也满足了个体的一些需求，不管是你意识到了，还是没有意识到，都一定满足了你的某个需求。见义勇为、舍己为人的人是利他行为者中忘我的一群人，他们利他行为除了表明他们道德高尚之外，从深层次的心理需求分析，也满足了他们内心世界一定的需求。

3.11.2　求助的方法

我们很多时候帮助他人的潜意识支配动机是希望自己有需要帮助的时候，也会有人来帮助，这是自我本能的一种投射。但是很多人真正需要的时候，并不懂得如何求助。那么来讲讲如何求助。

第一，清除自己的心理障碍。求助是强者行为，所以首先请解除自己的心理防御。很多人认为请求他人帮助是表示自己无能、承认自己不行的一种表现，所以都会尽量避免求助。这个误区可能有不少的人都会有。但其实现代社会，生活节奏快，环境压力大，人们都会面临一些无法依靠自身的能力就能完全解决的问题，这个时候如果能够通过求助让自己的能力得以发展，其实是一种强者的表现，是一种解决问题能力的获得。工业社会发展过程中有一个标志性的变化——流水作业、分工协作，这个小小的变化极大地提高了工作效率，带来了工业发展的巨大进步。这是我们看到的环境中的变化，当无法依靠自己独自能力完成的情况，不妨大家一起来做。个体完成社会角色分工的时候，也和工业社会发展阶段性一样，当依靠自己的力量不能完成的时候，不妨通过求助别人来完成。这种求助有可能是行动上的帮助，也有可能是心理上的帮助，还有可能是情感上的帮助。

第二，求助的主动性和沟通策略。最主要的就是主动表达。当个体需要向别人求助的时候，需要明确地表达自己的求助意向，让帮助者能够更加明确地了解自己要做的是什么，该怎么做。再有，沟通的时候要用对方能理解的方式表达。想要让别人帮助就不要让别人猜测信息，而是通过让对方易于理解的方式，提高效率。

第三，避免总是依赖别人解决问题。很多习惯凡事让别人帮助的人，其实内心是有偷懒倾向的，当碰到问题的时候觉得别人能做，那自己干吗还要费力气去想怎么做呢？于是乎就变成了总是依赖别人来帮助自己处理问题的人。但是这里说的求助是针对充分努力之后，无法克服的困难。并不是说那种想偷懒，把自己该做的努力让别人来替代的那种求助。每个人求助之前都要自我观察一下自己究竟做了什么没有。问题需要通过自己的努力来解决，求助只不过是自我努力解决问题过程中的手段而已，绝对不应该代替自我的努力。

所以如果你不善于求助，那么在自己困惑的时候就大胆地向周围的人求助一下。如果是碰到事情特别依赖求助他人的，更需要反思一下自己，不要让自己在依赖的偷懒中，错失了成长的机会。

最后，还有一点要提醒的是，无论是助人或是求助，都要树立一个安全意识，学会保护自己。在特定时刻，牺牲自己去成就他人的事情并不是人本主义应该强调的，我们主张的是在管好自己的前提下，去尽可能地帮助别人。

3.12　感恩家人

2013 级中文系的一个女生在某一天的微信中，分享了爸爸妈妈寄来的快递，她写到"今天收到了一个爸妈寄来的快递，打开一看是一盒剥好的

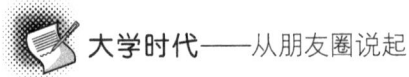

核桃。想起高中每天晚自习回家妈妈就把一小碗剥好的核桃和牛奶放桌子上等着我，好想他们，再坚持两个月就可以回家啦"。这条微信不禁让我想起我的大学生活中也收到过爸爸妈妈寄的爱心包裹，妈妈知道我喜欢吃自家煮的瓜子，有一年冬天妈妈自己在家里煮好了瓜子，就给我寄了一大包，至今我还记得那份幸福甜蜜的感觉。

3.12.1　感恩父母

父母是这个世界上除了自己以外，最无私向我们付出的人。他们给予了我们生命，我们的到来都经过了一个激烈的竞争，在亿分之一的机会中，最终以胜利者的姿态出现在这个世界上。所以我们都是一场竞争的胜利者。从这角度说，我们要感谢自己，感谢生命本身，也要感谢给予我们生命的人。

要感恩的家人还有父母的父母们。我们父母的父母们通常因为爱屋及乌对我们也是百般疼爱，这些我们最亲的家人，是慢慢长大的我们最应该感恩的亲人。

亲人，是因婚姻、血缘或收养而产生的社会关系。是这个世界上通过一代代繁衍而来的社会关系网，它的永远无法割舍性，是亲人最大的特征。也因为它的这个特征，使得亲人之间的连带成为世界上最紧密的关系，所以亲人对我们来说也是最重要的社会支持系统。

3.12.2　感恩亲人

对待亲人，我们最需要的就是心怀感恩，永远记得他们的爱。

美国有个独创的节日——感恩节，感恩节的由来要一直追溯到美国历史的发端。1620 年，著名的"五月花"号船满载不堪忍受英国国内宗教迫害的清教徒 102 人到达美洲。1620 年和 1621 年之交的冬天，他们遇到了难以想象的困难，处在饥寒交迫之中，冬天过去时，活下来的只有 50 来人。这时，心地善良的印第安人给移民送来了生活必需品，还特地派人教他们怎样狩猎、捕鱼和种植玉米、南瓜。在印第安人的帮助下，他们终于获得了丰收，在欢庆丰收的日子，按照宗教传统习俗，他们规定了感谢上帝的日子，并决定为感谢印第安人的真诚帮助，邀请印第安人和他们一同庆祝节日。

美国人民因感谢印第安人给了他们第二次生命，专门由此诞生了感恩节。我们每个人对给予自己生命的亲人们都应该永怀感恩之心。

3.12.3　行动中感恩

对待亲人，爱的最佳方式就是心怀感恩之心，行动中用合适的方式表达出这份感激之心。

陪伴是最长久的感恩。当我们还是小孩子的时候，和爸爸妈妈最为亲密，妈妈的一时离开都会令你感觉不安。随着慢慢长大，我们有了自己的生活，开始不喜欢父母陪伴在身边。当你开始离开家门外出读书的时候，和父母在一起的时间变得更少了，和他们说话的时间更短了。你是不是有很长一段时间，没有和爸爸妈妈好好谈谈心了？你想说的话和朋友们都已经说完，和父母之间因为代沟很难在一个话题中长聊。其实随着你的长大，爸爸妈妈正在慢慢变老，他们对你的需要会渐渐增多，给予他们时间和精力，不忽视他们，是每一个懂得感恩的人需要去学习做、开始做的事情。

这种陪伴中，要学会宽容父母和你的亲人。作为大学生的你，青春、活力、生命力旺盛，世界的一切都向你打开，色彩缤纷的大千世界，有太多你可以做的事情、你可以学的东西，你的一切都处在上升期。这个时候你可能无法对你的父辈、祖父辈他们进入人生中年期、老年期后，人生开始走下坡路的感受感同身受。但是你应该尝试去宽容他们，尊重彼此的不一样，真正去听他们诉说，尝试与他们分享你的世界。这是一个人感恩的最好的行动。

感恩之心还体现在"孝顺"一词上。所谓孝顺是指赡养父母尽心尽力，遵从父母意志。其实完全听父母的、遵从父母的意志，这在现代家庭的亲子关系中并不十分现实。孩子逐渐成为社会发展的中坚力量，父辈逐渐退出社会舞台，在这种转换中，孩子逐渐开始成为强者，父辈逐渐变成弱者，这个时候孩子的很多想法可能更加符合社会要求，在父辈的要求不尽合理的时候，如何做到孝顺呢？其实这种孝顺是满足父辈的情感需求，让父辈相信你的强大和担当。孩子足够让大人放心的时候，大人就会放手了。

每个人的成长都是一个回路，小的时候孩子依赖父母，父母对孩子无私付出；慢慢长大了，孩子和父母逐渐疏离；再慢慢长大了，父母老了开始依赖孩子了，需要孩子对父母的付出。虽然无法做到对等的无私，但是这个孩子又有了孩子，将那部分付出给了自己孩子，又开始了一个循环。这一环套一环的循环，是社会能够维持稳定并向前发展的原动力。这些都需要我们每个人从感恩自己的亲人做起。

3.12.4　表达出你的感恩

最后有一个行动小提示，这种感激之情要常常用语言表达出来，让对方听到、感受到。通常人们认为甜言蜜语是爱情的专属品，但其实在与任何人相处中甜言蜜语都是令人受用的。内敛的人认为感情不一定非要用嘴说出来，放在心里就好，但其实每个人的心里世界如果不是表达出来又有谁能了解的，所以请选择说出你的感受，让对方听到、感受到。很多时候，一声"你真好""我爱你"就会让你的亲人倍感温暖。有的时候一句"谢谢"、一句"要是没有你，我当时真不知怎么办才好"这样简单的话，就会使爱你的亲人心里充满了快乐与成就感。而很多亲人之间不懂得说"谢谢"，因为他们有一个很大的误区，认为都是很熟悉的人，自己不说别人也知道。而事实是，如果我们不说，别人就不知道，结果，亲人之间无法感受到那份内心的满足感，慢慢也就会变得不满和疏远。

3.13　善待亲密的人

一天半夜，有个男生在朋友圈里写下了一句话："人们日常所犯的最大错误，是对陌生人太客气，而对亲密的人太苛刻。"这句话让人有熟悉的感觉，查了查百度原来是作家亦舒写过的一句话，是人们生活感悟的朴实总结。

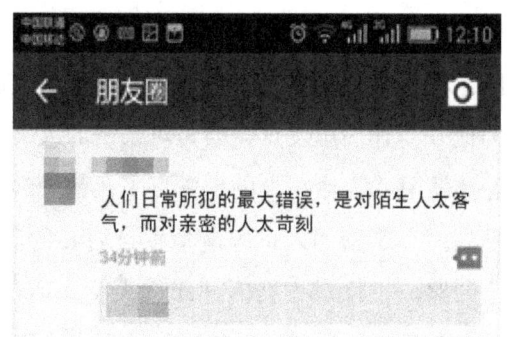

3.13.1　亲密之人

日常生活中，很多人会感觉经常犯这样的错误。陌生人因为关系没有那么亲密，彼此的暴露程度没有那么高，因此彼此之间会尽量努力去保持一个良好形象，更容易在交往中把好的一面展示出来。同时也因为对对方的不了解，对于他人的要求也不会太高，对于别人的表现更容易持有肯定态度。通常也会因为彼此没有那么亲密，更容易用事不关己高高挂起的心态面对问题，所以容易处在旁观者清的位置上去处理问题。这样处理问题时反而显得更从容不迫，更考虑对方的感受。

但是一旦这个人跟自己亲密的时候，会因为彼此的了解深入而觉得没有必要遮遮掩掩，从而更加任性地表达。同时，因为是自己很亲密的人，通常你我之间的区分不很明显，因此无法用旁观者的心态来对待，通常会把自身利益考虑进去，从而无法做到从容。还有一种心态是自尊心在作祟，和陌生人打交道不会很多，表现得高尚一点没有太大压力，失去一点面子都是暂时的。但是如果是和亲密的人在一起，就会担心退步会让自己太没面子，而且一次退步可能演变成得寸进尺的后退，这会让人小心谨慎地占领自己的领地，不愿意让步。

3.13.2　像对待陌生人一样对待亲密之人

其实对待陌生人的态度没错，我们要注重自己形象的维护，尽量周全地顾及他人的感受，共同维系一个友好的关系。对待亲密的人，我们也要像对待陌生人一样，注重形象的维护，顾及他人的感受。通常对待亲密人严厉时会用"是为他好"作为出发点，因为对亲密的人关心和爱护，不忍心看到他受到伤害，就用"为他好"的出发点来代替干涉别人，这其实是对人的一种不尊重。关心亲密的人，应该是发自内心的欣赏和尊重对方，尽量让对方走自己的路。也许对方会因此跳进火坑，但是这不是你的错，亲密的人就是在对方愿意的情况下，去分享你的观点，告诉他你认为正确的观点，如果对方还坚持自己的观点还要跳进火坑，那不是你的责任，每个人应该为自己的行为负责。因此对待亲密的人，要跳出来看问题，用尊重和宽容对待。

关系亲密的人，更容易因为彼此的行为导致自己的利益受损，因此不太容易做到淡定。很多时候对于亲密的人提出的要求也是对自己利益的一种保护，所以做不到包容且表现得苛刻是一种自我防御心理的正常表现。我们首先要承认这一点，然后在和亲密的人相处的时候时时反思自己——是不是因为考虑自己的利益而对他人产生了影响？

任何一个让别人舒服的人，都是自我克制的结果。人的本性是基于自我考虑问题的，所以与人相处的时候，想做到得体、得当，需要的是放下自我，多考虑考虑别人。这是反天性的一种要求，不是想想就能做到的，需要时常提醒自己，需要刻意加以学习和训练。

谁可以算作是和"我"亲密的人呢？亲人肯定是最重要的亲密之人，但也是我们通常容易忽视的亲密之人，我们要时常记得考虑他们的感受，给予他们最多的爱和付出。闺蜜死党、兄弟哥们也是我们亲密的人，因为彼此性情的一致成为闺蜜死党的一群人相对容易相处一些，也是我们通常最容易随意而为的对象。这类关系最容易相处，有时也容易不小心受到伤害，与他们的相处需要时常自省、多付出、多考虑对方，不要过多地斤斤计较自己的得失，一定会获得丰厚的属于你的私人友谊。

亲密的人中最重要的要算是自己的另一半——"亲密爱人"，爱情中的男女、婚姻中的夫妻都是亲密爱人的最佳搭档，但是这对拍档更容易出现彼此因为在乎、因为相爱、因为关系而更加苛刻地要求对方的现象。因此，我们马上进入第 4 讲，来说说爱情中的彼此如何相处，讲讲和这种亲密爱人的相处之道。

第4讲 关于爱情

爱情与婚姻

爱情的道路不会一直平坦，一般热恋期过后就进入附属阶段，可能产生吵架、争执，也会有彼此承诺、幻想未来，最终直至进入婚姻殿堂。

有句话叫作"婚姻是爱情的坟墓"，从某种角度上来说有一定的道理，因为爱情是大脑神经系统的一种特殊状态，它所激发的兴奋感不能一直存在，总有消失的时候，由于欲望和吸引力的阶段都是暂时性的，三分之一的阶段是需要考虑长期关系。所以如果不懂得爱情到亲情的转换，仅仅追求爱情，彼此之间的承诺和责任就无法真正兑现。传统观点认为人类爱情和性渴望在感情关系确立初期达到极致，而后会日益淡漠转而变为亲情。情侣间相恋、又彼此依依不舍、意乱情迷的遐想状态在双方相处15个月内开始淡化，10年后已经渐变为亲情。当然也有例外，若双方懂得经营婚姻，从而使之化成相濡以沫的爱情，这样爱情不会在升华为亲情后消失。

爱情不会在婚姻中消失，反而会得到升华，那如何去找寻自己的那份爱情呢？

4.1　恋爱的季节

　　一个大一的男生，在微信中写下了"来来来，寻找另一半"。这句话所表达的内容很多同学都有相同的感受吧。到了"2"字开头的年龄，许多同学都有了谈恋爱的想法，也都在前仆后继地追求着一段段爱情。二十岁上下的年龄可以算作是谈恋爱的最好时期了。

　　大多数情况下，很多男生在大学阶段都留下过一段追求女生的战斗记忆，很多女生也都有着被男生追求的甜蜜回忆。当然也有男生被追求，女生主动追求的爱情故事，无论怎样，在谈恋爱的季节，要学习如何谈恋爱。

4.1.1　爱情的定义

　　学习谈恋爱之前，我们先来说说爱情是什么。

　　当一个男生和一个女生彼此强烈吸引的时候，就是即将产生爱情的信号。爱情是以互爱为前提的。爱情的产生及发展得益于双方相互追求、相互爱慕，平等性是它的第一特征。其次爱情又是专一的和排他的。彼此相爱

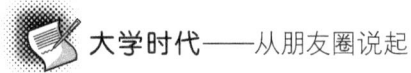

的人，他们的关系是非常融洽的，在这个过程中，任何一方都拒绝第三者的加入。有首歌曲叫作《我的眼里只有你》，形容爱情中的男女再合适不过了。在爱情中，双方相互吸引，彼此不离开对方，有着较高的相互依存性，俗话说"一日不见如隔三秋"讲的就是这种不容分离的相互依存性。

最后不得不提的是爱情中包含的性爱要素，这是人的本能告知你的一种向往，更孕育着社会责任。从生理角度看爱情是通过进化力量的主导、激素的作用，伴随"爱情激素"的分泌产生性欲和一系列化学反应的生物程序。研究人员发现，爱情产生于脑部而非心脏，脑部图像、激素和遗传学能帮我们更好地解释爱情的奥秘。脑科学研究表明与爱情相关的大脑区域几乎都与多巴胺、去甲肾上腺素、催产素、血清素等化学物质有关，这些物质能带给人们快乐、信任以及满足感。这也就解释了，为什么人们在恋爱时的心情总是愉悦和欢快、兴奋、紧张的。"爱情有保质期"是有科学依据的，神经科学家认为，热恋期间分泌的去甲肾上腺素和血清素会在18个月、最长3年左右恢复到正常水平，恋爱初期的紧张焦虑感也会随之逐步消失。与此同时，催产素和加压素会随着恋人在一起的时间日益增长，这两种激素的作用就是让人产生依恋和情感联结，也就是我们俗称的相濡以沫，维持恋爱关系。

4.1.2　说说一见钟情

说到爱情，很多人都会想到一个话题："一见钟情是否存在？"科学研究表明，一见钟情确实存在。在看对眼的情况下，1/5秒内你的脑袋就会释放相关化学物质，产生的效果就像兴奋剂。生物社会学家告诉我们，当人们坠入爱河，都是我们自己大脑的情感中心运行自然发生的苯丙胺流作用的结果。大脑产生的一见钟情的行为通常是源于对外在美的一些判断上的，主要表现在体形、五官、皮肤、毛发、风度上，其中性感、气质美等尤具吸引力。性感，是启动性亲近的心理体验。它是美感中与性有密切关系的表征，能给异性集中、强烈的感受。女性的性感表现在眼、唇、四肢及女性的第二性征上；男性的性感集中在躯体，如肌肉和眼神上。所以所谓的一见钟情并不是单纯的因为美、漂亮而产生，通常是因为对方身上的一些独有的气质打动了另一方。通常我们看到也许两个并不十分相配的人会相爱，其实外人看的这种配与不配仅仅是旁观者的一种判断，真正一见钟情的人是因为彼此有相投的地方，俗话说"臭味相投"就是一见钟情的一种表现。

4.1.3　爱情中的外貌控

外貌在人际吸引中的魅力还是不可低估的，在与陌生人接触的过程中，视觉往往充当着先锋，第一个接触的媒介就是我们的眼睛，我们透过眼睛最先看到陌生人的外表，感受一个人的气质。有研究表明对于女生是否美，男生是否帅气在人际交往的第一印象形成中会被较为关注。

"颜控"是人际吸引非常重要的影响因素，印象管理中每个人都要注重外貌的管理。同时对于外貌的评判不能狭隘地认为就是"颜值"是否高。美与不美，帅气与否，更多的时候不是看一个人单纯的某个特征，而是一个人的体态、姿势、谈吐、衣着打扮等综合方面的外在表现，同时也是这个人的内在素养和他的个性特征的外显。美国西北大学的社会心理学家艾里·芬克尔和保罗·伊斯威克最新发现，男女在择偶时的第一感觉其实差不多，他们最先考虑的都是身体和生理上的吸引力，其次考虑的是个人性格方面的因素，至于赚钱的能力，只能排在第三位。

爱情也是分阶段的，通常爱情要走过"好色阶段""互相吸引阶段"和"附属阶段"。最初的好色阶段是生理本能带来的结果，每个人在看到自己认为美的事物的时候就会有想和他（她）在一起的愿望，这种"好色"是由性激素睾酮和雌激素驱动的。睾酮不仅仅限于男性，它也在女性的性欲中发挥了重大作用。这种"好色"最主要的外在表现就是想见他（她），想引起他（她）的关注，想和他（她）一直在一起。当你内心里有了这些冲动的时候，表明你的爱情来了。

当然能够成为你真正的爱情，还要看对方，因此就进入了随后的互相吸引阶段。如果彼此都在体内分泌了多巴胺、去甲肾上腺素、5-羟色胺，从外在表现上看，双方都有了快乐幸福的感觉，想见对方，想和对方说

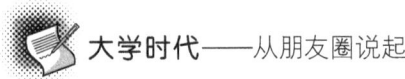

话、拉手，并且一旦有了这种情况，自己就会出汗、心脏狂跳，大脑会有种无比幸福甜蜜的感觉，不知疲倦，不会厌烦。如果这些条件双方都具备了，恭喜你们，彼此可以开启一段甜蜜的爱情之旅了。

4.2 我们要找一个什么样的人

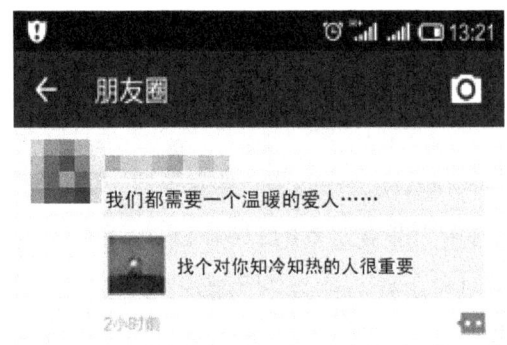

一个大二恋爱中的女生，有一天在微信中转发了一篇文章《找个对你知冷知热的人很重要》。并自己注释"我们都需要一个温暖的爱人……"

4.2.1 温暖的爱人

我们先来看看这个《找个对你知冷知热的人很重要》文章里面都讲了什么。

你可以不是学霸，但你至少愿意为爱人奋斗。

你可以很忙，但你至少有发自内心关心的信息。

你可以没有钱，但你至少不去斤斤计较。

你可以是一个胖子，但你至少要是一个像大白（动画电影《超能陆战队》主角）一样默默在身后守候的胖子。

你可以有无数的不够好，但你要是一个能让人感觉温暖的存在。

我们都需要一个温暖的爱人，爱情是互相的，当我们越来越能干、懂事的时候，也希望能有一个同样懂事、知心的人；我们都要去做一个温暖的爱人，先做好了自己，才值得被爱。

爱情就是这样，没有被体谅、被关心、被疼爱的感觉，甚至产生了被遗弃感，心凉了就是心凉了，再好的条件也不能掩盖骨子里传递出来的冰冷，怎样的借口都不构成再度对你产生希望的理由。

也许有人会说这是小事，可小事一件又一件，心凉一次又一次，逐渐就冰冻了姑娘的整个人，再也捂不热了。

收买姑娘的心从来不是什么大事件，都是一点一滴温暖的小事，也许只是一句关心的话，也许只是一杯热奶茶，也许只是帮她解一个围。小事一点一点地累积，就融化了姑娘的整颗心。

（转载：好心情美文站）

我们发现，这是站在一个女生的角度，写男生该如何追求女生的文章。作为女生希望找一个给予温暖的男朋友。换个角度，想必男生也希望找一个善解人意的，给人温暖感的女朋友吧。人们都说家是每个人的港湾，那么谈恋爱找对象就是找未来给你提供一个避风港湾的人。

4.2.2 温暖的涵义

细细品味文章《找个对你知冷知热的人很重要》所传达的信息，其实所谓的温暖应该有以下三个方面。

（1）愿意对你用心的人

能给你温暖的人，首先是一个想给你温暖的人。他/她的主观愿望中应该把你放在心头，尽自己可能给予你关心。所以想找一个对的人，首先不能只爱自己，太自私或自我，他/她的心里还应该愿意装下别人、能够装下别人。所以想找一个温暖的人，这个人首先要会爱别人。你可能不知道他/她到底是不是一个只爱自己不爱别人的人，那么就需要从他/她对身边人的态度、做法来判断，看看他/她对待朋友是怎样的，跟家人相处是怎样的，就可以作为参照去判断这个人是怎样的人了。所以两个人谈恋爱其实不单单是两个人在谈，还要跟他/她周围的人谈，跟他/她的圈子去谈。

如果这个人根本就不让你接近他/她的圈子，八成这个人对你的用心

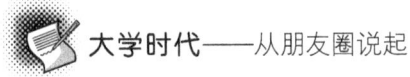

程度是有些问题的。当然，除非他/她有什么特别能让你信服的原因，这个还需要你擦亮眼睛好好看看。

（2）愿意用你的标准对你用心的人

一个愿意对你用心的人，就是那个可能给予你温暖的人。但仅仅是可能，想真正成为给你温暖的人，还需要用心学习，好好去体会彼此的需要，努力为彼此去行动。

如何行动，有个小贴士比较受用，请记住：一定要努力地按照对方的标准对对方用心。在一期《非诚勿扰》上，一个男嘉宾说了一个观点，纪念日之类的不要找我要礼物，我会用心给你准备礼物。这个观点可能代表了一种声音：你不要对我提出太多要求，我想做好的就会去好好做。在给予礼物这个小的细节上，也许这样做女性会喜欢。但是在所有两人相处的环节中，不能都如此处理。大部分时候，按照自己的标准去对对方好，可能并不是给予对方温暖，而是负担。

如果真心想给予对方温暖，就要首先了解对方想要的是什么，给对方需要的，那才是真的给予温暖。大多数情况下，你觉得好的事情，对方未必真心觉得很好，有时候说好也是因为爱屋及乌。

（3）能够时时调整自己去共建彼此关系的人

两个能彼此给予温暖的人，应该是注重共建关系的两个人。两个人不能仅期待对方怎么样，而对自己没有要求，或者按照自己的标准认为自己已经做得很好了。在两个人的关系中，要学会调整自己，甚至有时候委屈自己，努力地去共建彼此的关系。两个人对彼此的好不应是静止不动的，而是根据时间、事件的发生而变化，在这种动态变化中，两个人都时刻要以共同建设的心态来处理彼此的关系。

对于该找一个什么样的人做男/女朋友，甚至将来走入婚姻，常会讨论以下几个方面的问题。

4.2.3　门当户对的道理

古人在择偶标准上提及最多的就是门当户对。什么是门当户对呢？先来说说这个词的历史故事。门当和户对本来是古代人家门口的两个建筑品。门当是在大门前左右两侧相对而置的一对呈扁形的石墩或石鼓（用石鼓，是因为鼓声宏阔威严、厉如雷霆，人们以为其能避鬼推崇）；户对则是指位于门楣上方或门楣两侧的圆柱形木雕或砖雕，由于这种木雕或砖雕位于门户之上，且为双数，有的是一对两个，有的是两对四个，所以称为户对。门当、户对上往往雕刻有适合主人身份的图案，且门当的大小、户对的多少又标志着宅第主人家财势的大小，所以，门当和户对除了有镇宅装饰的作用，还是宅第主人身份、地位、家境的重要标志。所以以前媒婆说亲的时候，先看的就是两家的门当和户对是否匹配。

现在的家庭很多父母在跟孩子交流该找个什么样的人的时候，也经常会说："找个跟咱家情况差不多的就行。"这就是朴素的门当户对的概念。

这个观点到底要得还是要不得呢？其实古人的话能留下来一定有它的道理，我们作为后来人还是需要记在心头。只是现在的门当户对讲的不是看看家门口的门当和户对了，而是添加了新的含义。

所谓的门当户对应该是精神上和物质上两个人在相对比较对等的一个平台上。相对而言精神层面的更为重要一些，所谓精神层面就是我们想要什么、追求什么，这些深层价值观的问题。当然两个人在一起不能不考虑柴米油盐酱醋茶等物质的事情，所以经济也是需要考虑的一个层面。但是比较而言，精神层面的价值观问题形成的时间基础很长，改起来很难，所以更需要看彼此门当户对的程度。而经济条件会因为个人的追求和付出动态变化，所以更容易改变，因此经济上的门当户对可以放在次要一点的位置。

有的大学生说，我在大学校园里就是喜欢一个人，还考虑不了那么远，根本不用考虑什么门当户对，不用想那么多，喜欢就好。其实爱情本身不必以结婚为目标去谈，但是谈恋爱本身是一种自我负责任的行为过程，每个人在爱情中都要学习成长、体会成长，那么这个过程就需要考虑现实的因素，不为了未来，但是有可能走到未来的爱情，还是要适度考虑门当户对的需要。

4.2.4 怎样嫁给"有钱人"

每个人都希望自己未来过得好，当代社会每个人在很大程度上就是希望过上有钱人的生活，如果有恋爱和婚姻能让自己少奋斗十年，自己是不是该追求呢？记得曾经有个电影叫作《嫁给有钱人》，应该算是老电影了，讲的就是女主一直想嫁给一个有钱人，最终还是嫁给了爱情本身，找了一个门当户对的男朋友的故事。

每个人都有梦想，希望自己有一天成为高富帅、白富美。很多时候，也希望自己找到梦中的公主、王子，让自己能够过上更好的日子。这是人追求"卓越"的本能告诉你应该做的事情，无可厚非，我们都可以积极去追求。而且如果有一天你盼来了"能够少奋斗十年的"嫁给有钱人的爱情，也不用担心太多，如果这真是爱情路上给你的，那就勇敢地接住。

但是如果想获得这样的爱情，你自己首先得有资本，你或许有智慧，或许有美貌，最可能的是智慧与美貌一并有之，总之得有门当户对的东西。对郭晶晶的爱情故事很多人投去了羡慕的目光。但是仔细想想，让自己在婚姻中幸福，那需要的是智慧与美貌并存，你能和什么样的人结合并过上幸福的生活，在一定的机遇基础之上，依靠的是一个人的聪明才智。所以嫁个有钱人还需要自己更聪明、更智慧，为自己赢得更大可能的机会，让自己格局更大、站得更高，才有可能接触到更广阔的世界，碰到机遇的概率更大。

其实要找一个什么样的人做自己的另一半的前提不在于找一个什么样的人，而在于你自己是什么样的人，只有强者才能更好地匹配强者。

4.2.5 性格匹配的讨论

社会心理学领域的学者们研究人际吸引的规则，提出了人际吸引中的互补性和相似性两个法则。相似性法则是指人们往往喜欢那些和自己相似的人。互补性法则是指当双方在某些方面看起来互补时，彼此的喜欢也会增多。看似矛盾对立的两个法则在人与人的相互吸引中都会起到作用。如果两个人特别相像，会因为彼此很像而增加好感，如果对方有你身上没有的特点，而你又很喜欢这样的特点，那么因为补偿心理，也会增加你对这个人的好感。这是在人与人的交往中最开始的时候比较有影响的两个法则。

那如果做男女朋友，甚至做夫妻究竟跟自己像的人好呢，还是跟自己不像的人好呢？可能直觉会让你觉得，两个长期亲密接触的人想很好地在一起，相似性更重要一些，两个人应该有比较一致想法、观点和性格。这个观点有一定的道理，两个人有着比较接近的观念、兴趣、爱好会因为有更多的共同话题而容易相处，这其中最重要的是价值观的相似。什么是价值观，简单点说就是彼此的高级追求、看法、想法和认知水平。如果两个在一起的人在根本问题上追求的并不一样，那么就不适合在一起，即使在一起了也会经常吵架和不开心。

除了这个终极的价值观必须要一样以外，其他的都是可以互补的，而且通常是匹配得比较幸福的一对，更多的时候在性格和表现中是互补的，这样彼此之间会因为"1＋1＞2"而产生更丰富的人生体验，而使得彼此之间更牢固。正如这个世界上不可能有两片相同的叶子一样，也不会有两个相同的人，所以必然存在着互补。而且你观察一下周围，也许会发现，在彼此吸引的时候更多被直觉牵引的一对有很多地方就是互补，这种互补让彼此之间充满了互相学习和成长的可能。

4.3　爱情的基础

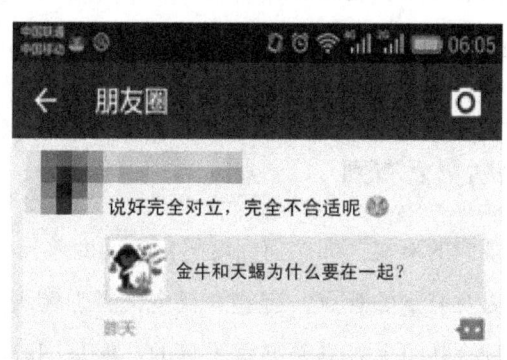

一个刚刚进入恋爱阶段的女生，分享了一篇关于《金牛和天蝎为什么要在一起?》的文章，并且配上了自己的感受"说好完全对立，完全不合适呢"。现在的大学生喜欢看星座，尤其是一些女生，更是喜欢没事看看这些东西。姑且不论星座说的是否准确、可信，但是至少通过星座描述概括了一类一类不同的人，表明了人与人之间的差异。这种人与人之间的差异，区分了大家在面对爱情时的不同。所以要学习和了解谈恋爱，首先需要认清人与人之间的差异，当然我们今天讨论的不是星座的差异，而是人与人之间基于生理特征的最为本质的一种差异：男女有别。

4.3.1　男女有别

男生和女生如同两只刺猬，离得很近可能会彼此伤害。这些伤害大都源于两者的认知差异。什么叫认知差异？就是大家认识问题、思考问题、解决问题的方式不同。这些认知差异表现在很多方面，比如：男生和女生是如何面对压力和处理冲突的？身处人生低谷时，男生和女生应该如何做，才能避免伤害彼此？男生为何会拒绝女生主动提供的建议？女生为什么总是缺乏安全感，不停地追问"你爱我吗"？我们该如何满足彼此的情感需要？

在这里我不得不强力推荐一本书：《男人来自火星女人来自金星》，这是美国约翰·格雷所著的一本书，该书从生理、心理等各个方面分析造成男女处理压力方式不同的根本原因，他认为：男生习惯"聚焦式"看待世事，女生则是"发散式"看待周围的一切。这一认知特点导致了男生和女生在思维模式、做事方法、交流形式上的截然不同。书中非常仔细地讲解了男生和女生的不同，如果想详细了解，最好是把这本书仔细阅读下。通过这本书，会让你对男女有别有着深刻和全面的认识。

4.3.2　面对男女有别

男女有别是既成的事实，那如何面对男女之间的差异呢？

第一，接受男女有别的观点。有些女权主义者强调男女平等，这种观点无可厚非，在社会认可上是需要男女平等的。但是同时必须承认男女两性之间，永远存在这样或那样的差异。这是一种客观存在，没有必要回避，应勇敢面对。只有这样，情感的纽带才牢不可破。接受伴侣和你的一切差异，不必瞠目结舌，不要咬牙切齿，更不可横加干涉和破坏，甚至以武力施压。多一些宽容，多一些理解，这是你的本分。你要做的，就是从消极走向积极，从挑剔走向包容，从误解走向理解。有了这样的调整和转变，你的感情世界，就会大为不同——你将升至人生快乐的巅峰！怎样实现这一切？这主要取决于你对另一半的信任。即便最亲近的异性，对你也可能是个谜，我们不能试图成为对方肚子里的蛔虫，对于他/她的所思、所想、所求都能够丝毫不差的完全掌握，但是你要永远选择信任你的另一半，用一颗真诚的心去努力了解你的另一半。你对对方越了解你就越可能接近事实，获悉真相。

第二，宽容体贴对方。宽容、体贴和爱心，是人生最大的财富，是上帝赋予你的弥足珍贵的礼物。古人有句老话叫作"吃亏是福"，说的就是让人拥有宽广的胸怀。尤其当另一半态度不佳、情绪糟糕、言语过激，与你的期待大相径庭时，你必须给予足够的包容、充分的理解。不要不留情面地指责对方，或者对他（她）求全责备。须知两个人感情如何，并不取决于对方是否完美。即使你们有很多缺点，却依然可以和睦相处，一生幸福。只有你相信这点，你才能用心、用情对待对方，当伴侣没有以我们理想中的方式给予回应时，我们可以多一些宽容、多一些谅解。你要相信，人都是感情动物，当你真正发自内心地为对方好的时候，才是真正满足对方的需要，当这种需要被满足以后，你自然会获得另一半丰厚的回报。

第三，注重对方倾述。在沟通和交流上多下功夫，这是你应尽的职责。男生和女生有个鲜明的区别：女生希望有人倾听她的感受，不需要解决方法。这种需求之迫切，很多男生在不了解女生的时候，都觉得不可思议。其实当女生向你倾诉的时候，仅仅是说说而已，不需要另一半给出多么明智的决定，因为在大部分女生看来情绪的宣泄远远比解决问题更重要。而且这也是女生摆脱压力，释放负能量的一个行之有效的方法。所以作为另一半的男生，如果真爱这名女生，让她尽情地说就是对她最好的爱的方式。不过，即便如此，女生也必须了解，这决不意味着凡是女生，都可以无休止地诉说感受，诉说到天昏地暗、日月蒙尘。或者说，不管何时何地，女生想倾诉，男生不一定就得终止一切活动，乖乖地坐在女生跟前，从早到晚地听她唾沫飞溅，大倒苦水。所谓"过犹不及""物极必反"，凡事都要有分寸。

第四，不要试图改变对方。不要越俎代庖，想当然地替对方"着想"，却弄巧成拙。我们无须对伴侣大刀阔斧地改造。女生常常试图改造男生。在改造过程中，女生觉得温暖而幸福，也能体验到爱的感觉。女生的激励和改造，也许可使男生多一些激情和力量，不过，它也极可能伤害男生的自尊。女生希望男生变得更好，但真正的改变，要依靠他自己完成。女生要做的，就是恰当地表达她的爱，让爱成为一种支持，而不是逆反的力量。对于男生同样如此。女生的自我改善，是她自己的事，不是你的任务。即使在女生身上，有显而易见的缺点，也不需要你加以"修理"。女生更需要的，是你的理解和爱。只有这样，才使她感觉温暖，精神振奋，由此自觉地寻求改变，以获得男生更多的爱。改造不是明智之举，但是，如果潜移默化地去改变有时候却可以产生意外的效果，因此如果想让彼此更和谐，就不要试图改造你的另一半，而应用一种不容易被察觉的方式慢慢影响对方。举个小例子，比如作为女生你很希望你的另一半给你买礼物，那么你直接告诉他让他买或者默默地期待他给你买，都不是最明智的做法。你可以时不时地给他买一下小礼物，同时告诉他如果他也能给你买小礼物，你会很开心，不要逼他买。但是你仍可以不断地找机会给他买小礼物，当你买的次数足够多的时候，你的另一半就会学会给你买礼物了。

第五，不要相互指责。我们常常听到有人指责，说某个男生不该这样，某个女生不该那样，云云。如果指责缺乏公正的话，原因就是对性别的差异缺乏了解。于是有人会觉得，如果男女除了生理差异之外，其他方面没有不同，麻烦就会少得多，起码在沟通和交流上不致产生问题。但如果真那样，只怕局面更糟。在现实生活中，如果暗示另一半按照你的方式思考，你给对方的信息就是："你目前还不够好，远不能让我满意。"这对你的另一半而言，无疑像是一盆冷水！对方没有感受到你的感激和爱，自觉挫败，其沮丧和懊恼可想而知。或者说，虽然内心深爱对方，你的姿态却在提醒他（她）："你还不符合我的愿望和理想！"这会使你的另一半自惭形秽。

4.4　爱情中该不该主动

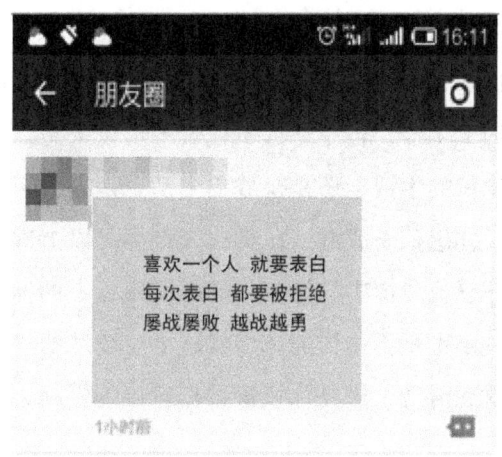

大学校园心理课的课堂上不时会有学生问道：自己看上一个女生，该如何向她表白。而且这个需求肯定不是个例，所以才有一个本来普普通通的 5 月 20 日，被广大网友和社会推手发展成了一个特殊的日子"表白日"。

这个表白日鼓励那些单身的同学们主动出击，追寻自己所爱，其实传达的一个理念就是大胆主动地行动，追求自己想要的。这也是爱情里的一个理念，亘古以来皆是如此。

爱情是每个人都向往的美好事物。虽然从十几岁，甚至更小的年纪就会情窦初开，喜欢上你身边的人，或者对某些偶像人物、娱乐明星们崇拜得不得了。但是真正最好的谈恋爱的年龄还是要到 20 岁左右，所以大学阶

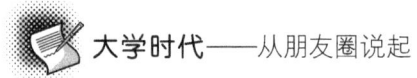

段是谈恋爱比较好的时期。而且如果校园爱情最终能够走向婚姻殿堂的话，将会拥有稳定的感情基础。

这么好的恋爱季节，我们要如何开始呢？主张每个"单身人士"都主动行动起来，去勇敢追寻，但是在这之前还是有些准备工作要做的。

4.4.1 爱情表白序曲

准备一，认识自己。认识自己是思考清楚自己在爱情中的追求，了解自己在未来生活中将爱情、婚姻放置的位置。思考这个问题，可以通过一个简单的问题来完成："你想过什么样的生活。"也许你年纪刚刚进入"2"字头时期或者还在"1"字头的末尾，你会觉得这个问题太遥远了，我怎么知道我将来要过什么样的生活呢？（其实并不遥远，在这个阶段，你的人生已经过了大约1/4了）但是遥远不代表不可以去想，去尝试给自己定位。你未来想要稳定的生活、还是挑战的生活；是家庭第一的生活、还是事业第一的生活；你想孩子成群，还是二人世界。以上这些你对未来生活的勾勒，也是你在寻找爱情中的另一半的时候要参考的标准，不同的生活向往，要找的另一半也是不一样的。当然这个想清楚的过程是一个漫长过程，不可能一天就想清楚，需要你慢慢根据自己的性格，依据环境，逐渐去认知。

准备二，明确目标，找到标准。当你远观慢慢了解清楚自己想过什么样的生活后，就需聚焦眼前，明确自己的目标。未来想过什么样的生活，就决定了你可能会适合什么样的另一半。那就需要参考生活规划，确定当下自己寻找爱情的一些目标、标准。这个过程可以通过另外一个简单的问题来完成："你最看重的是什么？"也许你最看重这个男生帅不帅，也许你最看重这个女生是不是善良，也许你看重对方是否有责任心，也许你喜欢他对你好。这个标准的制定不应该是针对某个人的，而是你根据自己的未来设想，认为生活中的另一半应该是什么样的而确定的。

准备三，储备自己。当你前两步都准备好了，可能发现心仪的她/他没有出现，那也不要着急，要耐心等候，并且利用这个时间好好储备自己。这个社会是个竞争社会，遵循优胜劣汰的自然淘汰法则，强大的人胜出的机会才多。这种强大的力量有的来自于你的家庭，有的是你天生带来的无法改变的那部分，如果这部分你拥有了比较强大的基础，那么要恭喜你，你可能比别人有了更好的先天条件，但是如果仅仅满足于这些先前有的，不再继续努力提升自己，有一天也会面临危机。如果这部分你恰恰没有，虽然开始也许比别人慢了点，但是通过后天的学习、有意识的训练，可以通过自我能力的提高，弥补一些。这个社会大体上还是按照力量定向的，你足够强大，你的生存空间就大，表现在追求爱情的道路上你获得青睐的机会就多。

以上这个准备的内容，是无上限的，也可以和爱情追求是同步的，你可以在这条道路上一直去成长。在你可能还未完全准备好的时候，也许机会就来了，心仪的她/他出现了，那么随时可以出手抓住机会，开始行动。

那么，追求爱情有什么模式可循呢？

4.4.2　男追女

通常的爱情世界里，男性追求女性是常见模式，男性通过展示自己的力量，征服女性，从而追求到属于自己的爱情。

如果你是男生，那么就需要记住两个词：主动和策略。当看到你自己心仪的女生的时候，考量一下对方可能对你的评价之后，要敢于主动表达、大胆出击。你不说也许对方永远不知道，你不试也许永远不知道是否合适，所以一定要主动地去表达、去追求。当然主动的过程，有的时候也不能太生硬，还需要想一些策略，制造一些在一起的机会，去试一下女生的反应。有的时候在一起发展成恋爱关系，并不一定是双方彼此在口头上都表达了一下：你是我的女朋友，或者你是我的男朋友，大部分时候行动更重要，所以要多用些智慧来追求女孩子。当然追求有可能被拒绝，所以还需要做好被拒绝的准备。你不能凭所谓的"讲逻辑和讲道理"让一个女生对你产生"与众不同"的感觉。如果一开始就没有感觉，没有被紧紧吸引住，死缠烂打地追求取得成功的可能性很小。所以当一个女生迟迟不表态，或者对你的追求没有明显反应，那就是被拒绝的信号，请尽早放手。

这个时候难受是很正常的，而且在被拒绝之后男生会被激起征服的欲望，越得不到越想得到，要不然大脑给出的解读信号就是"因为我不够好，不够强，才被拒绝"，一旦你有了这样的想法就要赶紧地停下来，适时放手。爱情是寻找与你匹配的另一半，不是征服什么东西，所以当征服欲在驱动的时候，就已经不是爱情了。

追求爱情的道路上也不能操之过急。有的男生经过一两次约会，就迫不及待地说："你知道吗？其实我很喜欢你。"正是这样唐突的话语，也许把女生吓跑了，她们会觉得你是一个不靠谱、不安全的人，才刚刚接触，你就这样断定，岂不是很唐突且对自己不负责任，这种"热得快"，也许很快就会降温。

欲擒故纵，也是追求爱情的一招，男生和女生都要慢慢来。所以奉劝各位同学，在情感初期，展现自我魅力很重要，但情感表达上，慢点，再慢点。学会用脑思考，而不只是眼睛。因为有时候眼睛看到的不一定是真的。

如果是女生，你被追求了，也需要注意两个词，负责和果断。被人追求对每一个女生来说都是开心的事情，代表自己被认可。这个时候要尽快理清自己的目标，匹配一下这个男生是不是你标准体系的人，如果是那么恭喜你，即将步入一段爱情。如果不是，千万不能因为自己的虚荣心，就想着有人追那就玩玩呗，这种不负责任的心态害人又害己。所谓果断，是当发现对方不是你喜欢的那一款的时候，要干脆果断地告知对方，不要拖泥带水。有些女生害怕伤害到男生，拒绝的时候都是含含糊糊、不疼不痒的，结果对方会认为这是对自己的考验，一来二去，这样对男生造成的伤害更大，同时对自己也是一种伤害。

4.4.3 女追男

前人有句话叫作"男追女隔座山，女追男隔层纱"。表达的是女性追求男性相对更容易些。在现实生活中，传统的观念——男性追求女性更多一些，女性追求男性少一些。通常女性追求男性更多地采用的是一种含蓄的做法。如一个女性发现了自己心仪的人，就会有所表现，会制造一些见面的机会，会在他在的时候表现出羞涩，会想多和他说话，在他面前表现，这些其实就是一个女性主动追求的表现，当然如果这些都做了，还没有等来被表白，也许这段女追男的爱情故事就有可能结束。也有可能，男性在女性的主动之下，被感动、被鼓励，慢慢地变得主动，之后就在一起了。

有些女性性格开朗，做事有女汉子的气质，也许会主动追求男性。比如 2015 年热播的电视剧和电影《何以笙箫默》，就是一个女追男的爱情故事。其实男性被追，也会在男性心中激起一层虚荣心的，自己被认可的感受没有人不喜欢，所以这个时候男生也不要被冲昏了头脑，不要因为有人喜欢就盲目地进入了爱情，还是要看看彼此是不是匹配。

有些女性因为羞涩，觉得没面子，害怕未来不被珍惜，而不敢去追求男生。有的女性认为爱就应该主动争取，去大胆追求。无论你想怎么做，都要根据自己性格来，做让自己开心的事情，顺着自己的心意来就好。男女交往关键要看彼此是什么样的性格，双方是不是匹配。

最后还有一点需要提醒，无论谁追求谁，当对方迟迟不表达，或者总是欲说还休，时常回避的时候，主动的一方一定要及时停下来，接受失败，不要因为征服欲望继续走下去。因为找一个不适合自己的一款，还不如不找，爱情需要的是"两情相悦"。

4.5　爱情需要两情相悦

一个大三的女生在微信上分享了自己在恋爱过程中的一个难受点："当一个似曾相识的声音出现，毫无抵抗力，你说的都对。一定要改变！改变！改变！自己看来 100% 地付出，毫无掩饰地去爱、去表达，对于别人来讲觉得不稀罕，或者甚至感受不到，这其实是因为爱——拿什么拯救如此缺乏安全感的自己。"这个女生在爱情的路上碰到了障碍，感到沮丧。

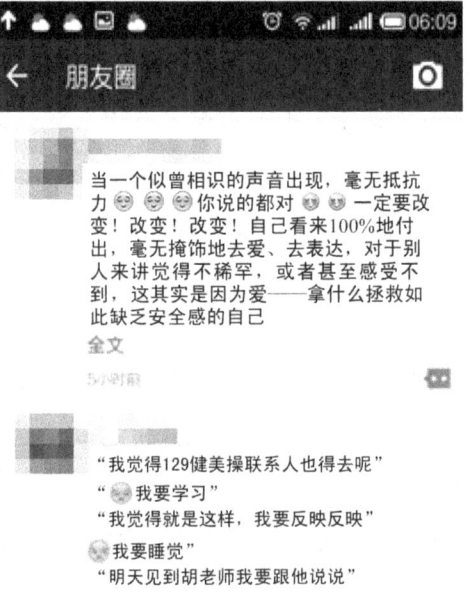

这个时候到底该怎么办？该不该果断放弃呢？下面就讲一个帮助进行选择的观点：检查一下你走的这条爱情路是否是两情相悦的一条路。两情相悦，形容双方对彼此都有好感。两情相悦的反义词是一厢情愿。两个年轻人情不自禁地走到了一块儿，彼此情投意合缠绵在一起，就叫两情相悦。

4.5.1　两情相悦的境界

谈恋爱的时候要找一个自己喜欢，同时对方也喜欢自己的人。如果你非常非常喜欢一个人，而这个人并不喜欢你，那么就请快快收手。彼此不开心的爱情，最终不会收获好结果。

有的时候爱的最好方式不是占有，而是祝福他/她找到一个两情相悦之人，爱一个人就要让他/她幸福。只要自己爱的人幸福，那自己也会开心，这才是爱的一种高境界。

如果你找到的另一半没能和你两情相悦，那么你应该做的就是放手、收心。该放手时就放手，该收心时便收心。在放手和收心的过程中，需要消耗很大的能量用于疗伤，那也是明智之举，因为长痛不如短痛。一个人不喜欢你，不代表你不招人喜欢，而是因为合适你的那个人还没出现，等你慢慢疗好伤，就又可以期待下一段爱情的降临，也许这次就是两情相悦的爱情。

4.5.2　相思病

放手、收心说来貌似挺简单，但是做到并不容易。所以就有了单相思这个词。我就接触过这么一个案例，一个男生曾经向我来求助，他的困扰是失眠，胃口不好。细细聊来，才发现这个男生是害了相思病。相思病是真实地存在于现实生活中的。相思病的根源是因为用情至深，最早的相思病的相思出自《晋书·嵇康传》："东平吕安，服康高致，每一相思，辄千里命驾。"

相思病有以下三种常见的类型。

第一种相思病是单向的，即单相思。例如《红楼梦》中的尤三姐，当贾琏逼她出嫁时，她才在无奈之下说出了她爱的人是柳湘莲，可是由于她从来没有向对方表白过，所以对方也没有机会接近她、了解她。最后，柳湘莲仅根据"贾府除了门前的两只石狮子干净罢了"的传言毅然拒绝了她纯洁的爱情，逼得她自刎以明志，柳湘莲则因自责而出家远行。

第二种相思病是双向的，但是这种相思如果染上偏执的色彩，同样会对双方造成伤害。梁山伯与祝英台的爱情故事就属于这一种。梁祝二人相互爱恋，但是却遭到了祝英台父母的反对，梁山伯因为得不到爱情患上了心身疾病，郁郁而终，最后祝英台也殉情自尽。

第三种相思病是反向的，这种情况实际上是一种精神疾病，患者往往坚信某一位异性已经爱上了他（她），虽然他们可能没有说过一句话。对此，患者往往有似是而非的解释，例如认为有人破坏他们的爱情，想拆散他们，这在精神病学上称作钟情妄想。

在前两种情况中，患者的言语和行为往往能被周围人理解，他们的问题主要出在心理上，需要一定的心理治疗，使他们对情感和客观世界有一个冷静的认识。后一种情况属于精神疾病，需要精神药物治疗，后期配合

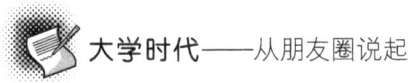

心理治疗，以改善他们对问题的认知。

单相思常是初恋的触发点。人们知道，儿童也常有单相思，但那属于稚恋，并不会引起很严重的心理失调症状。青春期发育的初始阶段，男女少年情窦初开，他们常常选择生活中或影视中的杰出异性人物作为自己仰慕、追求的偶像。在这个阶段，单相思是要有所顾忌的，它带有很大的盲目性，也容易产生心理问题。

单相思的苦恼来自怯懦与幻想。每个人在恋爱之前总有那么一段单相思，可大多数人要么直接求爱，要么认识到这种爱的不切实际而转移方向，而患相思病的人却把自己淹没在苦海里不能自拔。他所爱的人对此一无所知，如果早一点表白的话，好多单相思者会有猛然清醒的机会，而不至于走上绝路。单相思患者喜欢沉迷于幻想之中，他们在恋爱中较少采取切实有效的行动。他们的幻想中有夸大对方、贬低自我的倾向，这是不良的思维方式。这样就需要救助与心理咨询，帮助自己走出来。前文提到的那个男生，就是求助于专业人员，帮助进行心态的调整，从而引导他逐渐正确面对问题，消除单相思症状。

4.6　爱情中的承诺

一个谈恋爱的小女生，有一天分享了自己快乐的恋爱生活——"许过多少承诺，才懂得把握"。想必每个沉浸在恋爱中的人彼此都许过类似天长地久、天荒地老、海枯石烂的承诺。

承诺是什么？承诺是人与人之间，一个人对另一个人所说的具有一定憧憬的话，同时这些话有一定的实现可能性，这就是承诺。在爱情中，彼此喜欢为对方许下承诺，一起构建未来。这种承诺是彼对此公开的过程，通过这种承诺，男女之间感情得到推进，大家的信任度得以提升。

4.6.1 爱情的三角理论

美国心理学家斯滕伯格提出的爱情三角理论认为，爱由三个成分组成：亲密、激情与承诺。如果你没有同时具备这三要素，说明你并没有体验到爱。

第一个因素是亲近的感觉，与某人沟通，相互融合。从行为上说，亲密就是分享秘密，只和这个人分享信息，而不和别人分享，这就是亲密。

第二个因素是激情。激情是源于人的本能的一种力量，更多的时候表现为对亲密行动的向往和追求，表现为生理吸引或者是性爱。这是恋爱关系中必不可少的一个因素。

第三个因素是承诺，有时也叫决心。这是我们今天讨论的主题。决心就是一个人处于一段恋爱关系中，愿意为这段关系贴上恋爱标签，做出承诺来维持这段关系。承诺是一种对未来的许诺，如果一份爱情只在当下，不去编织未来，那就是一种充满激情的迷恋。你我彼此有性吸引力，但我们并不亲密，我不怎么想了解你，也不怎么想让你知道我的事情，不过我一心想要保持我们之间肉体上的相互吸引，这是"愚昧的爱"。如果你们彼此有亲密感，分享秘密；充满激情，彼此吸引；但并不会相互承诺，这是"浪漫式爱情"，这种关系有着肉体吸引，紧密联系，却没有承诺。一段恋爱关系开始时都类似于这样，我们彼此喜欢，被对方的身体吸引，但我不会做出任何长期承诺。因此我甚至不愿意用"爱"这个词来描述我们之间的关系。这是浪漫式爱情。

承诺的价值在于一种公开的监督。你我之间为彼此许下了诺言，那么在行动上就会尽量按照承诺的内容去做，奔着一个未来的目标去实现。所以如果有一个人愿意为你做出承诺，至少代表他愿意为你承担责任。当有一个人给你说出他/她的承诺的时候，你要好好思考一下你是否愿意接受这份承诺，同时也为他/她许下一份承诺。当然，如果你并不想为他/她许下一份承诺，那就代表你们的爱情还值得商榷，那就尽早想清楚然后做出一个决定。如果你爱的人迟迟不肯为你许下承诺，那你同样也要好好思考一下你们的爱情道路，不肯为你承诺的人，也许不应该是你的另一半，因为这份承诺中所承担的那份责任往往是爱的一种最真实的体现。

4.6.2　承诺的陷阱需小心

如果有人愿意为你付出承诺，你也恰恰愿意为他/她付出承诺，那么恭喜你们的爱情。这个时候有以下三个方面需要特别注意。

（1）不能轻言承诺

请保持纯洁的心，不要轻易说出代表你的爱的那份承诺。有的人认为自己很喜欢对方，然后就许下了许许多多的承诺，想要用这份真诚打动对方。这种行动方式是真的要不得。承诺是建立在两情相悦的两个人之间的，在你还未能和对方进入两情相悦阶段之前，承诺无法进入到实质性行动阶段。

（2）空承诺不能信

当你和对方愿意彼此携手前进的时候，就进入了愿意为彼此奉献一切的阶段，这个时候就进入彼此为构建未来而许下承诺的阶段，这个时候对于承诺要注意不能是空承诺。什么是空承诺，举个例子，我们通常说的天荒地老、海枯石烂就是空承诺。为什么呢？因为你永远等不到那一天，对于这种永远不可能实现的承诺就是空承诺。彼此最好不许这种空承诺，当然最重要的是不能信这种空承诺。把这种美好的向往仅仅当作一种炽烈爱情的表达就好，对于它的实现千万不能当真。

（3）承诺更多地体现在行动中

　　彼此之间的承诺更多的应该是结合到各自的生活中，体现在行动中。承诺要考虑对方的需求，愿意为对方的所想而付出，这才是真的承诺。有些人相信行动大于一切，做不到就不轻言承诺，所以你要从对方的行动中去感受那份责任的承诺。有些人喜欢嘴上说得很好听，承诺一串串，但是不见行动，那么这种承诺就要小心了。

　　一份爱情最好的检验，就是彼此是否愿意付出风险，用行动践行对彼此的那份承诺，所以相信天荒地老誓言的爱情中人一定要好好将自己的承诺落实在行动中，也注重从行动中去体会对方对自己的承诺，用一双发现的眼睛去欣赏对方，看到对方的付出和奉献，在承诺转化到行动中不断前行。

4.7　爱情中的“我”

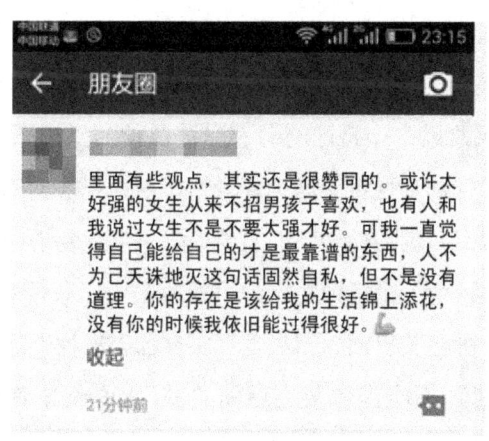

　　一个恋爱中的小女生在某天的微信中，对自己进行了一番评价：“或许太好强的女生从来不招男孩子喜欢，也有人和我说过女生还是不要太强才好。可我一直觉得自己能给自己的才是最靠谱的东西，人不为己天诛地灭这句话固然自私，但不是没有道理。你的存在是该给我的生活锦上添花，没有你的时候我依旧能过得很好。”想象一下可能是这样的场面：小女生很要强，男朋友因为这点不满意，两个人闹了别扭。小女生反思了一

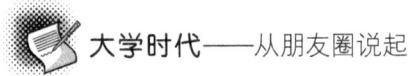

下自己的性格，疑惑到底要不要继续保持自己的这种好强性格，后来觉得应该自立起来，安慰自己说好强点也无所谓。

4.7.1 "我"在爱情中的样子

恋爱中的男性和女性难免会有这样的时候，憧憬爱情的男男女女，对自己总有些条条框框的要求，对对方有些基于爱情的一些期望。

恋爱中的男性天生的保护欲望会爆棚，觉得自己应该是强大的、有力量的，随时都希望保护自己的女朋友，想为她挡风遮雨、想为她提供一个可以休息的港湾。希望自己力量无比强大是男性在恋爱中对自己的定位。他们对自己的女朋友也会充满期待，可能希望自己的女朋友温柔如水、细心体贴、听话乖巧，也可能希望自己女朋友阳光开朗、笑声甜美，还可能希望自己的女朋友颜值超高，带出去超级有面子。

恋爱中的女性会因为有了男朋友，而变得需要保护，即使很强悍的女汉子，在恋爱中也会希望自己的男朋友是力量型的会保护自己的男神。女性因此希望自己是温柔的，值得对方保护的女神。同时也希望自己的男朋友能够为自己挡风遮雨，让自己充分感受被保护的幸福感。

无论怎样，男性和女性都会因为在爱情中对自己和对对方有一定的定位和期待，从而表现出一定的样子。但是要提醒一点，爱情中的"我"不能过于掩饰自己的本真，为了爱情中特定的目的或是为了获得对方的好感，而一味地让自己活在一种包装里面，不展现真实自己，这种爱情不会走得太远。

爱情中的"我"不能是包装之后的"我"。爱情中你要展示你真实的那一面。世界上有了你就一定有另外一个与你匹配的他/她，所以我们要找的是与你适合的人，他/她不一定完美，但要适合你。适合的前提就是首先了解自己是谁，是什么样的人，想找什么样的人，想要过什么样的生活。这些都做好之后，就把自己的所想表达出来，用行动表现出来，让自己的样子能够为对方所知。如果双方都这样做，那么就可以通过表现真实的自我加深了解，找到彼此最适合的那个人。

4.7.2　展现真实的自我

爱情中的"我"特别需要做好自己能做的那部分。真实地展现自我是前提，在这个前提之中，有个重要的问题需要解决——在爱情中了解自己。了解你自己是怎样的人，什么是你想要的。每个人都有自己的想法和追求。做真实的自己，首先就要了解自己真实的那部分是什么。做真正自己愿意做的事情，不用太过于委屈和强迫自己。在人与人的交往中，彼此的想法不可能完全一致，肯定有不相容的地方。什么时候该忍，什么时候不该忍，判断的前提就是了解自己的想法，了解自己的价值观底线在哪里，有些事情自己做了开心，那就多做；有些事情自己做了不会觉得太开心，但是也不会觉得不开心，这种事情就可以做；有些事情自己做了觉得很不开心，那么即使对方可能会很开心，你也不要去做。所以爱情中，不需要做太多让自己不开心，而仅仅让对方开心的事情，这样的爱情不会长久。你要找的爱情，应该是能让你这个"我"可以开心地生活的爱情，至少这份爱情不应该让你不开心，这应该是底线。

除了做好自己那部分，还需要提醒爱情中把握"自我"的另外一个方面，就是尽量放低对对方的期望。这个世界上有一件事情是非常难成功的，就是试图改造别人，让对方按照自己想象的样子生活。所以管好自己后，并不是让你对对方提出更多的要求，而是仅仅管好自己就好了。至于对方是什么样子的，要靠对方自己管，不是靠你提要求就能够达到的。所以对对方的期待要尽量放低，当你了解了自己的需求之后，找到了那个他/她之后，要做的就是努力地做好自己，然后尽量地适应对方，慢慢地让彼此能够和上拍子。这些过程不能强求，在爱情中，不能总是要求别人按照自己的想法做。而应做好各自能做好的那一部分，然后看彼此都做好后是否合拍。

所以爱情中的"我"最需要做的就是找到一个和自己匹配的、适合自己的人。让自己活得开心，对方也生活得开心，然后彼此的这份开心正好在一个节拍上，这个时候就是彼此适合的人了。如果不幸不是彼此适合的

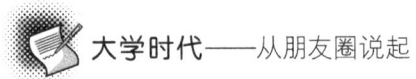

那款，那就果断放弃，一定要相信，这个世界上有了你，就一定有一个和你合拍的他/她，所以做好自己，用心去找，时光不会辜负你！

4.8　爱情中的期望值

爱情的美好，是每个人都向往的。20 世纪 70 年代的人看琼瑶的言情小说；"80 后"开始看穿越言情；直到今天"00 后"，多元化的言情小说体系，为年轻的男生、女生们，尤其是爱做梦的女生们构建了一个个美好的爱情场景，痴情的男男女女为了爱情可以抛弃一切，可以不考虑人间烟火，可以构建一切。

但是这条朋友圈的主人却指出了一个真理——"小姑娘，别相信那些所谓的什么都肯为你做，你已经不是天真的年纪"。真正的爱情不是在天真中想象出来的，而是真正的自我成长中彼此共同构建起来的。

4.8.1　双向的爱情期待

恋爱中不要对对方有过高的期待，两个人对彼此的期盼和期待要通过谈恋爱充分地"谈"，变成彼此共知的内容，然后在彼此深入了解的基础之上合理期盼对方能够给予自己的和自己能够给予对方的。期望的构建中一定要包含自己那部分，要多想想自己能为这份承诺做些什么，能给对方带来些什么，降低对对方的期待，或者是基于对方性格特点和行事作风的合理期待。

每个人最了解和最能指挥动的人不是对方，而是自己。对方永远不可能变成你肚子里的小蛔虫，对你100%了解，所以在恋爱中一定不要对对方抱有太高的期待。

恋爱中不能对对方抱有太高的期待，但是在彼此共同前进的道路上，却可以让他/她能够慢慢按照你的期待给予你想要的。记住这句话："希望他给予的，你要先学习会做。放下你的期待，做好自己。"

任何时候都要先把自己的生活过好。恋爱中的两个人彼此是因为有相互的吸引力才会走到一起，在一起恋爱时也不能完全为了对方没有了自己的生活和世界，这样慢慢地，你的吸引力就会消失。所以一个人时时刻刻都要让自己有充实的思想和生活。这样恋爱中的你就能时时跟对方分享他所不知道的信息，让他总是像看书一样，不断发现你身上的闪光点和惊喜，保持着彼此的吸引力。恋爱其实是两个人携手共同成长，别把自己的恋爱变成了一场枯燥的管束游戏，这样的期待是紧箍咒，没有快乐和幸福而言。

一个人能够把自己做好、变强大，才能让对方觉得在人生路上，你是个港湾，而不是一叶无趣的小船。让他/她觉得错过了你将是人生一大憾事，因为你独立、自信、坚强，有趣同时又温柔、理解、包容。让他/她知道，就算没有他/她你依然很好，让他/她需要你，而不是让自己越来越需要他/她。

4.8.2　满足期待和制造浪漫

谈及期望问题，很多时候对对方的期待，实际上是期望他/她能够制造浪漫。如何看待浪漫，如何制造浪漫呢？

先来谈谈浪漫是否必要，两个人要长相厮守在一起，制造些浪漫是非常必要的。什么是浪漫？就是对方想象不到的意外惊喜，一些让日子充满变化的小创意，一些让彼此感觉到我们在为对方用心的一些表现方式。这是一种表达，这种表达让彼此更愿意为彼此更多地去想、去做。

那么如何制造浪漫呢？浪漫的制造是彼此的事情，不是单向的，而是双方的。男生要给女生浪漫，同样女生也可以给男生制造浪漫。而且如果你的男朋友不懂你要的浪漫的话，那么最好的方式就是你用行动给他制造浪漫，让他先有你所期待的浪漫的体验，才能慢慢教会他浪漫。通常恋爱经验少的男生并不会为女生制造贴心的浪漫，还需要女生教男生。那么怎么教，告诉他吗？当然可以，告诉他做什么，让他给你做。这样也许女生觉得没意思，这不叫浪漫。其实最好的方式是"言传身教"中的身教。你的男朋友也许最初不懂浪漫或者不会做，那么你就放下姿态做一些你觉得浪漫的事情，你用行为告诉他这就是你喜欢的小浪漫，爱你的他就会慢慢感受到你需要的是什么，他就可能照猫画虎。要提醒的一点是，这种浪漫的学习是个渐进的过程，千万不能太着急。

下面奉上一些浪漫小技巧：

①给女生制造浪漫首选送花，百试不爽，没有一个女生不喜欢花的，有钱的送999朵、99朵，差点钱的送11朵，没钱的送3朵、1朵，多少无妨，有没有更关键。实在不行，还可以手工做纸花，更显用心。

②写情书、情诗，爱情日记，浪漫的情话。将对对方的爱表达出来，让对方看到，写到纸上，写到树叶上，写到相片上，刻到石头上，总之表达出来。

③用所有可能的东西，表达出你的心意。比如买下你女友名字的网络域名。创建一个浪漫的页面，让她在上网时不经意间发现这个页面。再比如送你女友一个小手镜作为礼物，在盒子中附带一张卡片，写上"在这面镜子中，你会看到世界上最美丽的姑娘的样子"。

④和他/她一起看书的时候，用一支铅笔在某段文章中找出"我""爱""你"这三个字，下划线画出来。如果是在看一本英文书的话，就画出"I love you"这个句子的每个字母。

⑤一起出游的时候，在他/她手心写下甜言蜜语。

⑥特别的日子和他/她一起看日出、日落和满天星辉。

⑦一起吃饭时，暖暖的给他/她加菜、倒水。走在路上时，牵着他/她的手让他/她走在马路的里面。

⑧所有的能庆祝的日子，都作为一个制造浪漫的借口送上小礼物，或者甜言蜜语。

这种所谓的浪漫的事情，有些人会觉得很无聊，或者很浪费时间。其实这种事情花费成本很低，但是收益却很高。礼物可以不贵重，语言可能就三五个字，但是小小的功夫就能让恋爱中的彼此感受到用心和温暖，大大提升幸福感，这种快乐的感受让彼此少花费了多少时间伤心、伤身、吵架和伤害呢？

4.9　磨合的痛

关于吵架的微信朋友圈还真不好找，一般情侣吵架不会在微信的状态中写出，估计都通过私聊的方式进行。有一天终于发现了一个女生类似于分手的感想："致自己单纯的这三年，其实也没有谁对谁错。未来的我们，

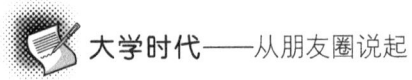

或者会笑着说说以前的那些幼稚。"虽然这条朋友圈讲的是分手，但里面"其实没有谁对谁错"讨论的和情侣吵架的话题接近。所以就从这句话说起。

4.9.1　吵架没有"谁对谁错"

首先，情侣间的吵架第一要记住的就是"没有谁对谁错"。什么意思呢？就是情侣吵架不是为了对错，而是为了彼此之间更进一步的了解。从根本上看，情侣吵架的目的是为了建设彼此的关系，不是为了计较谁是对的谁是错的。吵架发生的原因一般是因为两个人有了分歧，又不能很好地通过温和的方式达成一致。所以凡是吵架，两个人都觉得自己是对的，而对方是错的，这个时候如果非要争辩出谁对谁错，是件不容易的事情。当两个人发生争吵了，首先要意识到这是两个人不一致的观点的碰撞和冲突，即使觉得自己再对，都不要试图短时间说服对方让他/她觉得是自己错了。

其次，吵架有着不可避免性。两个人在一起，就会交流观点，一起做事，因为两个人的想法总不可能100%的一致，不一致的地方在一些特殊的场合下，在当事人的特定情绪中就会演变成较为激烈的冲突——吵架。两个不一样的人慢慢走得很近、很亲密的时候，一般都会有冲突和吵架发生，这是两个在一起的人磨合的必然事件。实际上恰恰是通过吵架，以及吵架后的合理解决，对彼此可以有更深的了解。很多时候双方是在吵架中更好地发现对方的底线、对方在意的事情、对方有什么缺陷这些要注意的问题。

4.9.2　吵架也可以有公约

曾经网上有个非常红的帖子，叫作《吵架公约》，提出了吵架中的10条原则：

①要热吵不要冷战。

②要文斗不要武斗。

③就事论事不翻旧账。

④严禁在公共场合、家人、朋友面前吵架。

⑤请使用文明语言。

⑥当天的气当天解。

⑦吵架时不提分手。

⑧双方要轮流道歉。

⑨男方要迁就女方。

⑩女方要体谅男方。

遵守本公约，吵吵更健康。爱是什么？不是松开手放你走，而是紧紧拽住你说：不许走！

短短的 10 条内容，还是有很多干货的，如果两个人都能照着这些指导做，一定能达到"吵吵更健康"的这个要求。不过这里面有一些问题，值得深入讨论。

（1）吵架中到底谁先低头

很多女生会认为男子汉大丈夫就应该让着女性，所以吵架的时候就应该男生主动哄哄女生，先低头。有的男生会觉得，这女生怎么就这么无理取闹啊！我要总是迁就，这不是惯坏了吗？

还有可能是男生确实做到了事事让着女生，但是也无法换来天下太平的幸福甜蜜，吵架剧目仍时常上演。

公约在吵架的这个问题上提出了很好的解决方案，和这个问题相关的有三条约定：双方要轮流道歉，男方要迁就女方，女方要体谅男方。

公约的解决办法其实道出了一个道理：其实男女是平等的，吵架中谁先低头也要本着这个前提，两个人可以轮流道歉。在吵架的过程中，也不要忘记了彼此相互理解。女生希望被宠，所以希望男生多迁就女生；男生希望被尊重，所以希望女生多给男生体谅。

其实吵架中到底谁先低头并不重要，重要的是彼此要在吵架中找到一种沟通的模式。一个彼此都接受的沟通模式。4.11 节中会说到恋爱是谈出来的，吵架也是一种谈话、一种沟通，这个过程的沟通要彼此妥协、达成

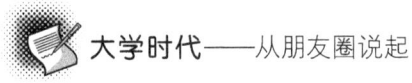

平衡。

（2）不翻旧账，哪那么容易

《吵架公约》第三条提及了就事论事不翻旧账。翻旧账，大家可能都知道不应该，但是吵架的时候通常很难做到不提及过往。

人与人之间是不喜欢吵架的，所以一般来说人与人之间都会尽量地忍耐让自己和对方不冲突，所以吵架的发生一般都不是一件小事引起的，而是长期压抑了什么事情，忍到最后无法忍的时候，就被最后一根稻草压倒，导致了吵架。所以等到情绪上来的时候，自然就会把先前那些不满都拿来说了。

要想做到不翻旧账，那么就要做到自己经常反思彼此关系，了解对方有哪些情况是自己不满意的，然后选择大家都心情比较好、愿意彼此交流的时候拿出来说说。这样就不会把情绪积攒到吵架的时候去发泄了。所以相处中要在平时下功夫，不能把问题都积攒到吵架的时候。

发生无法避免的争吵的时候，就事论事，时间不错乱，空间不转移，地点不变更，仅是就彼此发生问题的事情，进行讨论。

有一个吵架过程中不翻旧账的可操作方法，吵架中尝试能让对方说最后一句话。当能够做到这点的时候，就可以管住自己不翻旧账了。说来简单，做起来还是有些挑战的，当听到别人对自己埋怨、指责甚至是谩骂的时候，能够保持沉默，不去为了捍卫自尊而让吵架升级，真是不容易做到。

（3）彼此隐私不侵犯

人与人再亲密都是需要距离的，只有在妈妈肚子里的宝宝是跟妈妈无距离相处的 10 个月，人生可能也就这个阶段是和一个人亲密无间了。当你呱呱落地来到这个世界后，任何时候都和他人保持了距离，再亲密也会有距离的。尤其作为情侣是从两个世界慢慢走到一起的，不要期望走到最后就亲密无间了，无间的亲密只能是人们的一种追求，而永远无法达到。

所以彼此之间都要给对方留一丝隐私的空间。吵架的时候不要因为对对方的不信任，就去偷看对方的手机短信、微信，去看什么谈话记录。任何时候都要尊重一个人有隐私的权利，不要因为你是他/她最爱的人，就要求对方对你毫无保留，并拼命地通过各种可能的手段得到别人的隐私。

（4）不决绝

公约中还有三条写道：严禁在公共场合、家人、朋友面前吵架；请使用文明语言；吵架时不提分手。这三点总结了吵架不能做绝的事情的类型。

第一，吵架不能扩大范围，两个亲密人的吵架通常很快就会和好，而如果你的家人、朋友知道了，往往就会令事情变得更复杂，本来两个人说了算的事情可能就要变得还要被其他人的意见所影响。

第二，吵架不要进行人身攻击，说不文明的话语。很多时候因为一时气急说了什么话，可能在当时的情绪下表达了，但是对对方的伤害可能不是一下子就能消化掉的，会让彼此的感情渐渐产生裂缝，裂缝多了，终有一天无法修复。

第三，不要轻易就说分手。两个人相爱的最终目的是希望能够永远地相互携手走向更美好的明天，但是一吵架就说分手，这种如同小孩子般不负责任的语言，对于建设两个人的爱情毫无益处，一定要想办法避免。

（5）吵架后大有文章

吵架的时候，是彼此情绪都比较激动的时候，有的时候甚至会失去理智，但是吵架之后却大有文章可做。有的人觉得吵完架之后，双方已经和解，万事大吉了。其实为了彼此向更亲密的方向前进，吵架和好之后并没有结束，还需要细细思考，好好反思。

反思一下为什么吵架，吵架的过程中到底发生了什么。对于过程的反思，可以帮助你重新梳理两个人吵架的原因和过程，重新认识自己在这个过程中的做法到底哪里可取、哪里不可取。

另外，还可以好好地思考自己和对方的行为，这个过程可以帮助你更好地了解对方是什么样的人，有怎样的处理问题的方式，也可以反看自己

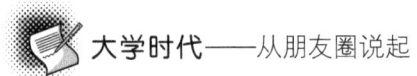

处理问题的方式是怎样的,下次可以怎样避免两人吵架。

有些夫妻一辈子走过来,总是在不断地吵吵闹闹;有的夫妻可能有一段时间也吵架吵得很凶,但到最后就不吵架了。这两者的差别就在于夫妻两人能否对自己的吵架行为进行反思。

经常反思,为了下次做得更好进行自我修正,彼此之间就会越来越多地产生默契,从而减少矛盾和差异对立的情况出现,减少吵架冲突的机会。

4.9.3　男生和女生之间的友谊

大学谈恋爱中经常会碰到一个问题,怀疑自己的男/女朋友在"劈腿",有三角恋的关系,结果多了许多无端的猜忌,引发了很多无谓的吵架。

这个问题中经常还会有一个问题要讨论:男生和女生到底有没有纯粹的友谊?有的人可能说有,有的人可能说没有,这个答案的主体差异性会很大,我觉得男生和女生之间是有真正的友谊的。怎么判断呢?我觉得有没有真正的友谊要看做朋友的两个人彼此是不是都把对方当作朋友,有一方如果有其他的想法,就不是真正的友谊,如果另一方有自己的男/女朋友,那就不要跟对方继续这份友谊了。

所以你的男/女朋友如果说跟××是真正的友谊,首先不妨选择信任他/她。然后从跟他/她相处的细节中感受他/她对你的爱,不要乱猜忌他/她,这样就会少了很多吵架。

当然,有人说,如果他/她真的"劈腿"了,我不就是傻瓜了吗?两个相爱的人,彼此之间如果能感受到真的爱,你就用心好好地去享受这份爱情,同时记住为这份爱情去付出、奉献,在不断前进的爱情道路上,共同建设这份爱情,用这种方法让他/她更爱你、对你好就行了,别去想别的。

如果你做得很好,他/她还"劈腿"了,那是这个人不够好,这样的人就要果断地跟他/她分手,因为离开这种人是你的幸运。

4.10　面对失恋危机

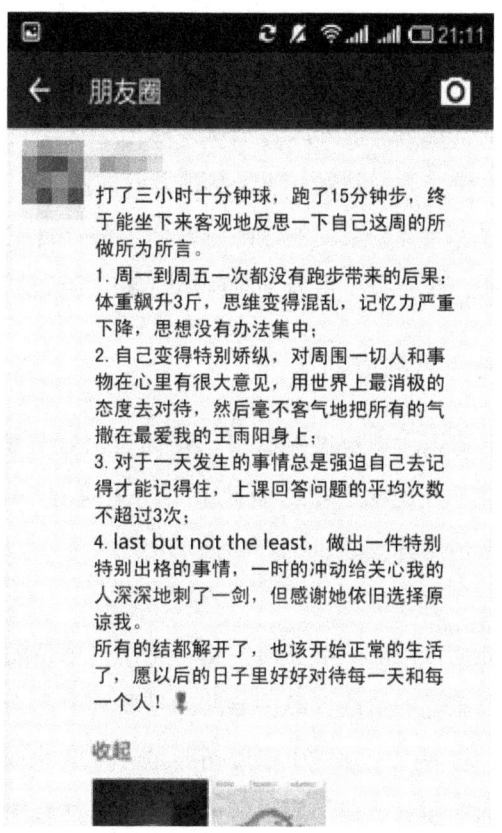

　　这个朋友圈是大学生们自己撰写的发文中较长的一篇。我跟发文的小美女私信聊了会儿，才知道文章这么长的原因是最近在和男朋友闹分手。

　　大学校园里每天都会上演很多分分合合。失恋事件毫不罕见。恋爱对于一个人来说，尤其是对于那个被分手的人来说，可以称得上是一次危机事件了，那怎么面对这个失恋的危机呢?

4.10.1　失恋是怎么一回事

　　失恋就是失去了恋爱关系，在一场爱情结束中被抛弃的那个人通常被认为是失恋的人。但是，恋爱的双方，无论是主动提出分手的，还是被动被分手的，在刚刚结束恋情的一段时间里，都会有一些情绪问题可以叫作失恋。失恋之后，首先引起的是情绪反应，会很无力，感觉无法自拔。还有就是自我否定，这种自我否定往往还会引发其他的一些不适应。大部分人在失恋后都有自我修复能力，随着时间推移，慢慢会走出失恋的阴影，重新开始新的生活。也有少部分人无法从失恋的阴影中走出来，从而导致严重的情绪问题，带来心理问题，或是精神方面的疾病。

其实这个世界上大部分人都能够随着时间推移，自主地、慢慢地从失恋的痛苦中走出来，只有极少数的人在特定的条件中无法很好地走出来。

4.10.2　失恋后的应对

失恋后，自己可以主动地做哪些事，帮助自己很好地走出失恋阴影？就如同这个女生在长长的帖子中，展现出来的东西就不错，有自我反思，有情感转移，还有情感升华。

（1）宣泄是第一要务

失恋之后，先前依赖的感情靠山突然不见了，感情无所可依，会非常迷茫和痛苦，这种难受的情绪，最重要的就是要宣泄出来。大自然有个定律叫作能量守恒，世界上一切物质都遵循能量守恒的原理，失恋带来的难受的情绪就是负向的能量，这种能量在体内产生，就必须用一定的方式将其发散出来，从而达到平衡。

每个人宣泄的方式会因为性格、价值观的不同而不同，每个人都要了解自己怎样做才能够让自己感觉轻松，从而用这种方法让自己宣泄掉负向能量。有的人可能需要痛哭，有的人可能需要去运动，大汗淋漓之后慢慢忘却，有的人需要找人不断倾诉找到共鸣，有的人去大吃大喝，有的人剪短发，各种不同的方式因人而异，找到适合自己的办法，当然这种办法不能伤害到他人，否则你将接受法律的审判。

下面转引的是不同星座的人宣泄的不同方式，当然这些不一定就适合你，可以结合自己的情况，尝试使用。

十二星座失恋治愈法

（转引自：科技紫微星座网）

（一）白羊座、狮子座：让眼泪飞

就因为朋友的一句"为了那样一个烂人哭，太傻"，就因为不想被那个人看低，就假装坚强？这样就值得了，这样就不会被人看低了？看一场悲情大戏或听一些悲伤情歌，让自己大哭一场吧，哭泣不是软弱的表现，不是失败者的白旗，它只是让你负面情绪降低而已。只有摒弃那些不快，才能重新振作，才能活得比以前更精彩！

（二）金牛座、摩羯座：把失恋扩散

本就闷葫芦一个，失恋后你会更不愿意跟人交流，就像一只被遗弃的小猫，蜷缩在墙角自己舔舐着伤口！可失恋就像嘴里长溃疡，越痛越要去舔，越舔却越痛。与其抑郁而终，不如每天约一个朋友，跟他讲述你失恋的经历。把自己的故事告诉每一个人，你的伤痛就会削弱一分，直到像是在讲别人的故事时，你会发现原来也就那么回事！

（三）双子座：求理解、求安慰

你需要朋友、家人的安慰，希望有人能倾听并理解你心中的痛苦，而不是跟你说些"为那个人伤心不值得"之类的话，如果真如他们所言"不值得"，那这些年你的付出、你的爱又算什么？找一个曾经也失恋过且已彻底走出来的朋友聊天沟通吧，他能给你安慰鼓励，能告诉你怎样更容易走出失恋的痛苦，更重要的是，他对你的伤痛能感同身受！

（四）巨蟹座：犒劳自己

有没有什么东西，是你一直想买，却从来都舍不得买的？那就赶紧去把它买回来送给自己，作为庆祝自己解脱束缚、不用再画地为牢的礼物。告诉自己，即使没有他你也可以让自己过得很好，甚至更好，可以想买什么就买什么，不必再申请他人的同意，也不用再考虑要多省点钱为两人的将来打算！

（五）处女座、双鱼座：试着叛逆

以前为了留给他好形象，你总是一副乖乖女、淑女的模样。不敢玩蹦

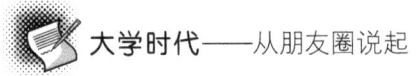

极、没有试过一个人去旅行、对讨厌的人不敢说"滚"……好吧！马上就去尝试这些你一直想做但又从来没有勇气去做的事情！让自己的内心强大起来，换个角度去体验生活、体验自己，你会发现：没有了他，你还可以拥有很多很多；没有了他，你一样可以活得很好很好。

（六）天秤座：换新造型

心情烦躁、郁闷，就想通过疯狂购物来缓解心情？别傻了，到头来信用卡还要自己还，等账单出来时你会更有想死的感觉！简单有效的办法，就是剪掉三千情丝，换个造型，一切"从头再来"！一个全新的靓丽发型会让自信爆棚，只是记得要找一个手艺好的发型师哦！看着镜中与以往完全不同的自己，你是不是有重新活过来的感觉呢？

（七）天蝎座：学会原谅他

或许你恨不得吃他的肉，喝他的血，但还是觉得与其让自己心里多一份恨，不如试着原谅他。不是为了"便宜"他，而是为了让你能得到解脱。越恨他，你的心也会越痛，越不能走出失恋的阴影，这不就是惩罚自己吗？原谅他，就代表将他从你的内心彻底踢出去，心腾出了地方，就可以容纳更多的东西、更多的人！

（八）射手座、水瓶座：让宠物做伴

要不是那个人硬闯进来搅乱你的生活，你本可以很独立、很自信，可失恋了，你都不知道自己以后还可不可以爱得那么勇敢、那么自信！养一只宠物吧，让它来帮你治愈心灵的创伤，让它来帮你摆脱失恋后的孤独感，转移你的注意力，减轻内心的痛苦。身边总有个小家伙粘着你，讨你欢心，向你撒娇，那种被需要的感觉又会重新回来。

（2）在行动中忘却——转移

想从负面的情绪中走出来，宣泄这一步做完之后，接下来需要的就是让自己行动起来。让自己在做事情的过程中忘记痛苦。

做什么呢？可以运动，可以学习一项爱好，比如画画、唱歌，再比如参加一个培训班，或者是去看展览，或者读一套书。也可以多去参加一些社交活动，多在集体的活动中感受力量。总之通过做一些有计划的事情，让自己在行动中逐渐淡忘失恋这件事情。

在这些行动中，首推运动。运动可以让人的神经系统得到调节，产生快乐要素，让人更容易快乐起来。坚持运动的好处就更多了，2.6 节已经说到，这里就不多说了。坚持运动，一定会让失恋的情绪走得快一些！

（3）在失恋中学习成长——升华

恋爱中你学会了很多东西，失恋会教会你很多东西，在失恋过程中要反思一下自己哪里做得好，哪里做得不好，人与人之间应该怎样做才更好，让自己在每一段的失败中，都能够认清一些问题，在失恋过程中学会长大。

（4）学会忍受

失恋之后可能还有一些不适应，本来习惯的两个人一起的时间，突然变成了孤独的一个人，有时候会觉得时间过得好慢，好没有意思。有的人说恋爱也是有惯性的，习惯了两个人一起的日子后，再重新过一个人的时光，难免会有孤独感，这个时候要学习的就是忍受了。千万不要因为不习惯，因寂寞而草率地进入下一段爱情。重新开始感情一定要对自己负责任，要对对方负责任。曾经有一个案例，本来好好地一对恋人因为父母的反对最终分手了，很快女孩子就跟一个认识了很久、追她了很久的男孩子建立了恋爱关系，并很快就结婚了。这个婚姻是不幸福的，最终走上了离婚的道路。

恋爱是两情相悦的两个人走到一起的甜蜜事情，千万不要因为害怕孤独、寂寞而仓促进入一段爱情，那是对自己的不负责任，也是对对方的不负责任。

在忍受失恋后的孤独、寂寞的时候，要尽量避开和前任有交集的地方、事件和行为。比如不要保留他/她的东西，不要看他/她的朋友圈，有他/她在的地方尽量避免去。

4.10.3　前男友或前女友的问题

这个问题从两个方面来考虑。

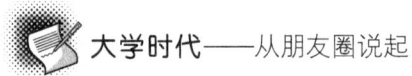

第一，你怎么处理前男友或前女友的问题。每个人的世界都有些属于自己的隐私，如果曾经用心爱过的人，不是说要忘记就能够忘记的，因此不要逼着自己完全忘记，可以在内心世界专门找一个地方安放。如果是初恋就更难忘却了，那么好好保存便是。

至于要不要跟现任讲述你的前任，那需要你自己把握和现任的感情，自己选择。每个人都有保留自己隐私的权利，完全可以不与现任分享。

作为有前任的人来说，一定不要把前任和现任进行比较。每个人在这个世界上都是独特的，而且每个人跟另一个人匹配的时候，都不会是十全十美的，不完美才是这个世界的常态，所以不要和前任比较，试图希望前任的优点转换到现任身上，让现任成为一个完美的人，那是不可能发生的事情，还会引来很多麻烦。

当然，有的现任也许会非常想知道，或者直接问你的过去。那这时候还是选择告诉的好，但是能少说尽量少说，前任永远都是历史，历史永远不可能回去，所以安放便罢，能不提及尽量不提及。

第二，对于你的现任的前任你该怎么办？

如果能够不问、不了解，还是选择不了解、不问为好。

一对情侣是要走向未来的，历史永远都是历史，两个人能够走到今天，是要为了明天的更加美好而努力，为什么还要管历史上的他/她是什么样子的？

有的时候知道了是给自己平添烦恼。

4.11　恋爱是"谈出来的"

谈恋爱是相互吸引的男性和女性最幸福的一段时光。在这种时光中，彼此相互了解，一起玩耍，一起畅想未来，大部分走入婚姻的男男女女都在结婚之前经历过一段可长可短的恋爱季。

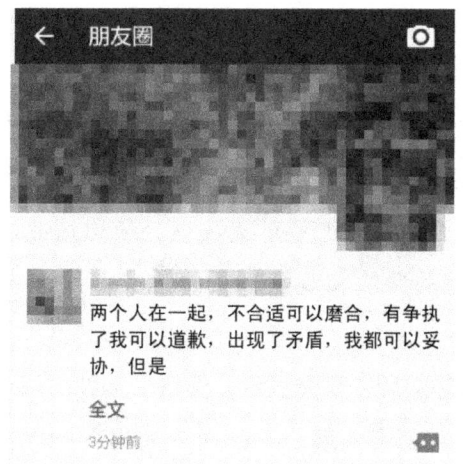

4.11.1　为什么是"谈"恋爱

恋爱为什么叫"谈"呢？这个帅气男生的表述可能告诉了我们原因。这位大三的男生在微信中写道"两个人在一起，不合适可以磨合，有争执了我可以道歉，出现了矛盾，我都可以妥协，但是……"其实他告诉我们两个人在一起谈恋爱就是磨合的过程，这个磨合的过程需要彼此之间的沟通。沟通就是信息的交流，就是你与我之间的说话。因此我们一定要记住恋爱是谈出来的，通过谈恋爱让彼此能够真正地了解对方，检验彼此之间是否合适，为更深入地发展寻找可能性。

有的人可能会说，谈恋爱不就是两个相互吸引的人一起玩耍、一起感受生活、体验成长的过程吗？不是一直在相互交流吗？哪有可能两个在一起谈恋爱的人就静静地待在一起，不说话的？确实，谈恋爱的过程最主要的特征就是"两个人在一起"，共同去做事情，这过程中一定有说话、有交流。但是这个时候并不一定是在"谈"恋爱，可能只是在恋爱的过程中，可能并没有"谈"。谈恋爱是需要两个人互相交换自己对问题的看法，对未来的设想，对待家人、朋友的观念……说笼统些，"谈"恋爱其实谈的是彼此的三观，看彼此在人生观、世界观和价值观层面是否有着一样的追求。所谓的谈恋爱其实是了解对方对人生的追

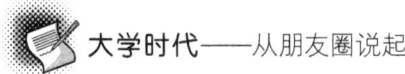

求，看看对方和自己是不是有着一样的追求。举个例子，在大学校园里面，一个特别喜欢学习的和一个特别不爱学习的两个人想在一起谈恋爱，那就得彼此交换对学习的看法，如果不想学习的愿意跟着爱学习的一起来；或者爱学习愿意跟着不爱学习的放弃学习；那么这个恋爱就有的"谈"，否则这个恋爱就无法谈，所以彼此之间一定是需要通过"谈"交换彼此的看法和观点，从而达成一致，才能更好地将恋爱进行到底。

有关于恋爱追踪的调查研究显示，性格上互补的两个人在一起更容易长久和幸福，很多人就会误解是不是两个人越不一样就越好呢，其实这个观点不完全正确，互补容易相处，但前提是对于人生的追求应该是大体一致。那么如何寻求两个有着一样人生追求的恋爱对象呢？这就需要"谈"恋爱。彼此交心、彼此交换看法、彼此碰撞观点、彼此达成愉悦的妥协。这个过程一定需要聊天时间的积累来换取彼此的了解，所以我们谈恋爱的男生和女生注意啦，除了在一起放肆地玩耍之外，你和他/她之间更需要的是一起聊天、一起说话。所以谈恋爱的你，现在就检查一下你们两个人在一起都在干些什么。彼此有没有为了一个电影中的观点争论过？有没有交流过家庭成员的生活方式？是不是只在一起看世界，而忽视了彼此交流？是不是只在一起行走、感受，少了彼此之间的碰撞和探底？

4.11.2 恋爱"谈"什么

接下来，我们就来聊聊如何"谈"，"谈"什么。

先说说谈什么的问题吧。最近碰到一个咨询的案例，一个男生和一个女生半年前开始恋爱，恋爱半年后男生逐渐发现这个女生有个前男友，而且无法判断这个女生是因为他的介入跟前男友分手，还是早已经分手后来才又跟他好的。这下子男生开始纠结了，无法释怀前男友的问题。这样的案例还有很多，前男友和前女友都成了现在进行时中的男女朋友或者夫妻间的一段无法忘怀的话题。谈恋爱中的男性、女性该如何面对这个问题，这就跟要说的"谈什么"的话题结合起来了。谈恋爱谈的是基于现在的未来，不是基于现在的过去。每个谈恋爱的人，需要交换的是彼此的价值观，了解的是彼此对各种事物、事件和行为的看法，找到彼此未来可以走到一起的认知基础。而且谈恋爱是为了生活在一起，并不是简单地两个人生活在一起，而是带着各自家庭的不同观念的两个人生活在一起，有种观点是两个人的婚姻是两个家庭文化的结合。所以谈恋爱谈的不是过去的某个事件，而是基于自己过往成长经历的事件对自己成长的影响，以及自我在成长过程中形成的对世界的各种观点和看法，找到彼此共同发展的基础。可以谈的有很多：

①成长经历中对自己影响非常重要的事情。当两个人可以谈这样的话题的时候，就是向比较深入的方向发展了。

②彼此家庭成员的特征，与家庭成员相处过程中的故事，也许是快乐美好的回忆，也许是有血有泪的故事，这是彼此相互了解非常重要的一个方面。

③彼此对于自己正在经历的生活阶段的定位和追求。比如大学生，对待学业的态度，未来的发展规划方向，对待学业、技能发展的追求，等等。

④彼此在生活中发生的趣事的分享，在恋爱中尤其在热恋中男生和女生会觉得无时无刻总想待在一起，不想分离，那就利用这段时间多多分享彼此生活中发生的点点滴滴，这种分享是了解彼此行事作风的最好方法之一。

⑤彼此一起畅想未来。很多恋爱中的男女都一起畅想自己未来的宝宝会是什么样，给未来的宝宝起名字。其实恋爱中可以畅想的未来也有很多，也是了解彼此非常重要的内容。彼此要通过畅想未来了解对方究竟对将来的生活有着怎样的定位和追求。这个看似虚无缥缈，但其实相当重要。这部分要找到的就是两个人彼此的终极追求是否趋同，刚才说到的价值观一样的人最后走到一起才能更稳定，就是指这部分要聊的内容。我们要从对未来的规划和看法中发现彼此是否能够趋同和妥协。如果这

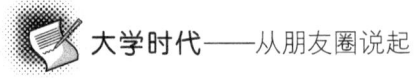

部分能趋同或者双方心甘情愿地妥协，那么这就是未来幸福的强大的基础。

4.11.3 恋爱如何"谈"

当然，以上列出的话题，大部分都不能将其作为一个简答题去问对方，否则恋爱可能会变得很无趣。那么该如何谈这些话题呢？有以下一些策略。

（1）在事件中谈

聊天是交换彼此看法，加强了解的很好的手段。聊天最好是在事件发生的过程中进行。两个人在谈恋爱中总要碰到一些需要一起面对的事情，一些需要解决的问题。这个时候不仅仅是面对和解决事情，更主要的也是要借助这些事情交换彼此想法，更加深入了解彼此。所以，两个人的相处从最开始的彼此吸引、产生好感而成为男女朋友后，两个人的感情向前推进一定是在一件件事情的发生过程中进行的，这个过程中两个人一定要多交流，多说说彼此的看法。一个人也许善于表达些，一个人也许木讷些不善于说话，那就需要善谈的那个人多去主动说说、找找话题。如果一个人不愿意同你分享看法，不毫无保留地表达自己，那么这种恋爱就会潜藏危机。

（2）从别人的行为中谈

谈恋爱的路上并不会时时刻刻地发生事情，发生需要彼此一起面对和解决的事情需要依靠偶然发生的机会，如果想彼此了解还可以从别人的行为中谈。自媒体时代每个人每天都从网络上获得很多消息、新闻和故事，这些都能够成为彼此聊天的话题。我们看的偶像剧、追的美剧，里面的情节、故事，都可以成为谈恋爱的两个人彼此聊天的话题。比如你关心男生和女生相处中，女孩是不是应该天天24小时地对男朋友紧盯防守，那么当你们共同看到了电视剧的男生女生有类似情节时，可以就这角色的故事谈一下。所以这里就要说一点了，谈恋爱的过程中乃至未来长相厮守的日子中，两人需要学习对方的爱好，跟着对方去做对方喜欢的事情，让对方喜欢的事情也成为自己喜欢的。比如他喜爱看足球、篮球，她喜欢看韩剧等。他陪她看，她陪他看，陪看的过程是寻找话题、彼此沟通的过程，通过这种方式也可以很好地了解对方的想法，学习对方思考问题的方式。这是很好的"谈"恋爱。

（3）在玩耍中谈

两个谈恋爱的年轻男生和女生，更多的时候都是一起出去玩耍，肆意享受着青春。其实如果玩耍用心的话，也是一个聊天的好时机。在一起玩耍中，共同碰到的人、玩耍中的感受、细节等问题都是彼此可以聊天的内容。两个人一起去看电影，可以对电影中的某个情节交换彼此的看法；两个人一起去旅行，看风景的同时，可以聊家庭中的趣事、家庭成员的相处方式；两个人去参加朋友聚会，吃吃喝喝的过程中可以认识他/她的朋友，聊的可以是彼此对待朋友的方式。总之，无论玩什么都要做个有心人。

（4）做一个认真细致的观察者，做一个对自己负责任的思考者

两个人的相处，如果在乎彼此，那么必然是在意对方的每个细节；如果喜欢彼此，那么一定会用自己认为最好的方式对待对方。这时两个人都试图将最好的一面展现给对方，所以对于每个人来说都要做一个认真细致的观察者，去找到那个真实的他/她，通过各种可能的行为和交流去发现真正的那个他/她。两个人谈恋爱找的是那个最适合自己的人，所以要想清楚自己在恋爱中和未来的生活中想要的是什么，然后在共同相处中去发现对方想要的东西，并将两者匹配，这是对自己负责任的思考者的表现。

谈恋爱不是去证明什么，而是一段发现之旅，通过彼此的"谈"，去发现这个人和你的匹配度，去找寻共同构筑未来的可能性。所以谈恋爱不用过多地去关心他/她的过去，不用总想他/她是否足够爱你，爱会在未来的幸福匹配中不断增强的。好好去"谈"一场恋爱，去完成这段发现之旅才是真正的"谈"恋爱。

4.12　一段不断前进的路

以前一直以为谈恋爱影响学习，原来是以前没人和我一起努力

26分钟前

　　一个大二的女生在大一结束的时候，开始了自己的甜蜜恋爱，一个学期的甜蜜爱情之后，在大二第一个学期末分享了这样的一条朋友圈信息："以前一直以为谈恋爱影响学习，原来是以前没人和我一起努力。"

　　这条朋友圈说的是恋爱的积极作用。如果两个人相互能够正确地对待彼此的爱情，又有足够的协调处理问题的能力，那么谈恋爱的时候由于比平日里一个人单独作战多了一个伙伴，通常具有更大的战斗力，因此我们说谈恋爱处理得好，绝对是一件好事。

4.12.1　为什么不能早恋

　　既然说恋爱有积极作用，那么在情窦初开对异性充满向往的中学时代谈恋爱，为什么通常会被周围的老师、家长劝停呢？难道那个时候就没有积极作用了吗？现在就谈谈究竟什么时候谈恋爱合适的问题。

有句话讲的好，叫作在什么年纪就做那个年纪该做的事情。每个人的成长都是从物理身体开始，慢慢"心理我"开始成长，襁褓中的孩童的外观是一个月一个样，幼儿的时候是一年一个样，成了儿童的时候是三年一个样，这个阶段主要长的是物理的身体，主要表现的是你的"物理我"在不断变化，虽然这个时候你的"心理"也在不断成长，但是处于主导地位的仍然是物理身体的生长。这个阶段，社会这个系统派给你的工作就是学习和吸收知识，在物理身体生长的过程中为心理我成长奠定了一个好基础。这个阶段你主要是吸收外界的知识、阳光、空气和食物等，还是储备阶段，并不适合处理需要耗费很多精力的复杂问题，因此谈恋爱这件事情并不适合。因为谈恋爱不仅仅是一个吸收的事情，更多的时候是一条新的成长之路，需要付出，因为你还没能够吸收完毕、储备好，当然不适合。

等到你的生长慢慢变缓的时候，一般也就来到了大学，这个时候你的物理身体的成长基本定型，心理的成长变得迅速起来，这个时候也是基本储备完成的时候，就要开始学习处理系统复杂的问题。边学习、边参加社团工作；边学习、边打工；边学习、边谈恋爱；不仅仅是你想做的事情，也是你应该学习的事情。所以说如果一个人能来到大学校园，就要从大学开始学习谈恋爱。

"成长"不是仅仅年纪变大而已，成长是视野的不断开拓、经历的不断积累，是体验过权衡取舍、聚散离合、拥有失去，慢慢地走向成熟。把一个人的成长环境简化到极致，最后只剩一个主题，你觉得你培养出的是什么？人一辈子都在进行情感的表达，一辈子都在学习，一辈子都在呵护自己的健康，一辈子都在照顾家人，一辈子都在社会中寻找自己的位置，寻找与他人沟通合作的方式，实现自己的价值。人的一切行为是一个有机的整体，是不能随便割裂开来的。

马克思说过：人应该全面发展。这"发展"显然不仅是知识上的，也包括心智上、情感上的。人最终应该成为充分践行自己价值观的自由人，而不是任何社会习俗和他人意志的附庸。

4.12.2 大学恋爱需学习

大学时代，是一个人生如花的阶段，年轻的你应该学会在谈恋爱中前进、学习、成长。

谈恋爱的过程不仅仅是一个享受幸福的过程，更是一个自我成长的过程。随着年龄的增长，有了彼此的好感，开始复杂问题第一步，边恋爱、边学习。

为什么要学习谈恋爱？恋爱是一门人生必修课，无法逃离，当慢慢长大的时候，就要学习边处理感情生活边完成自己的学业任务。恋爱能力也是一种必须学习的能力。这是在为未来做储备，储备将来更加复杂的家庭、生活、工作并行的能力。

人生漫漫长路，不可能永远像物理身体生长那个阶段，除了学习，别的都不用管。你要学会协调处理各项事情。未来的生活中，学习、工作、事业、家庭都会并行地交织在一起，等着你去处理各种碰撞出来的问题。

那么就从边恋爱边学习开始，最大限度地发挥恋爱的积极作用。

在理念上要学习：谈恋爱是两人一起修行的过程。在这个过程中，不单纯是享受爱情的甜蜜，还有彼此价值观的碰撞，理念的交融，更是两个志同道合的人共同进步、共同携手创造每天的幸福生活。

在这个过程中，必须学会奉献、付出和给予；同时也要学会享受、放松；还要学会妥协和博弈。对个体来讲，这段不断前进的道路需要完成的任务，有以下三项。

（1）完成自我的成长

谈恋爱之前，首先需要对自己有所了解。古语说"人贵有自知之明"，这个自知之明是人的一种可贵的品质，那么怎样就算对自己有自知之明了呢？我想这个包含了很多很多的方面，但是从恋爱的角度看，你首先得问问自己以下几个问题，是否能够想清楚：①是否清晰地了解自己需要什么样的生活？②是否了解自己想找的另一半大致是什么样子？③是否具备了一定的担当能力？对自己的行为能够负责了吗？

谈恋爱其实是一个人成熟起来的标志，你能面对恋爱的甜蜜，也能够处理恋爱中的分歧，更能面对恋爱中的各种危机，并且愿意和对方一起去积极处理问题。

这是一个人自我管理能力的锻炼，也是自我管理能力的检验，在恋爱中，你需要学习和掌握如何分配时间，如何与他人协调，如何并行完成学业，这些都是自我成长的蜕变。

（2）学会给予

其实给予本来应该包含在自我成长中的一部分，但是由于这个品格在两人相处过程中是一项特别重要的能力，因此就单独作为一项训练技能加以强调。

当你因为喜欢谁，对谁有好感，觉得看不到这个人就有无限思念的时候，就是喜欢这个人了，这个时候如果对方也如此对待你，你肯定感觉无比的幸福和甜蜜，准备开始投入甜蜜蜜的爱情怀抱了。

这个时候要慎重地提醒你，在进入爱情之前，请检查一下自己是否做好了给予的准备。爱情都是从甜蜜开始的，但是过程和结果是否甜蜜，关键要看彼此在谈恋爱这条前进的路上是否做好了给予的准备，并且能否做到给予。

给予是什么？有的人第一反应可能会是"对他/她好呗"！是的，给予就是对对方好，但是这种好有的时候需要你个人的牺牲、妥协和谦让。而且这种妥协、谦让不是一时、偶尔的，而是对爱人全方位地接纳之后的行动。这种给予不是基于你个体的标准对别人好，而是做别人需要的，有的时候别人的需要可能恰恰是你不喜欢的，你要学会在这种条件下的给予。

能够好好地爱一个人并不容易，要学习宽容、谦让、妥协，这就是给予。

（3）实现共同的成长

让一个人一直地妥协、宽容，可能并不容易，所以给予是一种心态，但并不是时时都要这么做。这样做是有一个前提的，就是实现共同的成长。两个人共同在成长的路上时，彼此之间的给予就更容易接受，也容易

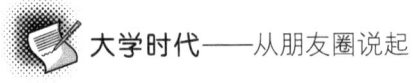

达成。

在恋爱中的成长是两个人一起成长，如果恋爱的路上只有一个人在成长，那么两人就会渐行渐远，因此如果两个人都愿意为了未来而奋斗，对于未来的追求有着比较一致的价值观和看法，就更容易一起携手走下去。

共同成长，需要的是双方都愿意为彼此做些什么，双方又都能发现对方在为自己做着什么，要学会欣赏对方，要学会反思自己，共同面对问题、解决问题。

恋爱是一段走向成熟的路，是成长的必经步骤。如有可能，在你身高不再明显成长的大学阶段，开始学习恋爱，也是大学中比较重要的一个学习内容，加油！

参 考 文 献

[1] 金盛华. 社会心理学（第 2 版）［M］. 北京：高等教育出版社，2010.

[2] 戴维·迈尔斯. 社会心理学（第 11 版）［M］. 北京：人民邮电出版社，2016.

[3] 彭聃龄. 普通心理学（第 5 版）［M］. 北京：北京师范大学出版社，2018.

[4] 理查德·格里格，菲利普·津巴多. 心理学与生活（第 19 版）［M］. 北京：人民邮电出版社，2016.

[5] 克里斯托弗·彼得森. 打开积极心理学之门　认知心理学［M］. 北京：机械工业出版社，2016.

[6] 郭玉良. 把有意义的大学过得有意思　大一学生成长手册［M］. 北京：人民邮电出版社，2016.

[7] 郭玉良. 把有意义的大学过得有意思　大二学生成长手册［M］. 北京：人民邮电出版社，2016.

[8] 大岛祥誉. 麦肯锡工作法［M］. 王柏静，译. 北京：中信出版社，2014.

[9] 马尔科姆·格拉德威尔. 异类——不一样的成功启示录［M］. 北京：中信出版社，2014.

[10] 罗博特·J. 斯滕伯格. 爱情心理学［M］. 北京：世界图书出版公司，2018.

[11] 刘岸英. 自我概念的理论回顾及发展走向［J］. 心理科学，

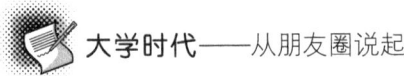

2004，27（1）：2 - 4.

[12] 王益明. 自我管理研究述评 [J]. 心理科学，2002，25（4）：453 - 456.

[13] 吴兴曲，杨来启. 睡眠剥夺的动物实验研究 [J]. 国外医学：精神病学分册，2002，1（29）：63 - 64.

[14] 马哲，王平，游秋云. 睡眠及睡眠剥夺与学习记忆的相关性探讨 [J]. 中华中医药杂志，2014（4）：995 - 997.

[15] 霍云华，罗仁，赵晓山. 亚健康状态的流行病学调查及其脾气虚证唾液代谢组学研究 [R]. 中华中医药学会亚健康分会，2008.

[16] 杨咏梅. "大二病" 找准病灶用准药 [M]. 中国教育报·高等教育周刊，2014 - 03 - 25.

后　记

　　十年的光景，课堂上讲积极心理学相关的课程，课堂之外做学生管理工作，在和学生学习、生活紧密接触的过程中，体会着当今大学生成长的点点滴滴。他们时而让我觉得欣喜，时而让我觉得眼界大开，时而让我觉得担忧。我欣喜所学的心理学知识能够很好地帮助我更加了解他们、走进他们，让我从他们身上看到年轻一代的力量，更是从他们那里打开了另外一个认识世界的视角。担忧的是十年来看到越来越多的同学们产生了这样那样的心理问题，今天的国家物质生活高度富足，仓廪足而知礼节的年代对精神提出了更高需求，人们心理问题频发是发展的必然趋势。不同学生产生了不同的问题，有的来自于家庭、有的来自于自己，他们生活在一个个漩涡中，但是又缺乏挣脱出漩涡的能力，虽然我的专业知识能帮助到他们一点，但是一个人的力量还是有限的。于是，我想到了写书，把我这十年来课堂内外和大学生共同学习生活中有关的话题写出来，让更多的人看到。

　　最原始的打算是想把课堂上的讲义整理成书稿，按照教科书的模式一点点写出来。这样中规中矩地开始写着，进度不快也不慢，但是总没激发出自己很大的热情。2015年1月一个我带过的学生失恋了，在微信朋友圈中发了一条自己所处状态的分享，当时正值期末复习考试期间，担心他会因此影响考试，所以主动私信跟他聊天，了解情况，安慰和鼓励他。这样一次微信交流过程，激发了我，让我找到了写这本书的一个灵感：我的微信中有这么多的学生，学生每天通过微信分享着自己的喜怒哀乐，他们很多心态的变化、成长的故事在微信中都能找到，我何不从学生的微信朋友

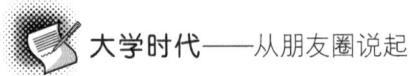

圈入手，通过一个个微信朋友圈的分享切入一个个故事，讲述一个个成长的道理呢？

　　从 2015 年寒假开始，我开始着手写这本书，一边收集学生每天发的朋友圈中的有关素材，一边通过心理学的视角来解读这些素材，再将自己平日课堂上的那些知识点融汇到讲述之中，就这样完成了书稿的写作工作。在这个过程中要感谢我的先生和我的儿子，他们是我写作该书的第一批读者，每次写完一个或者几个主题后，会在饭桌上和他们讨论一下，让他们说说自己的观点。每次写不下去的时候，和他们一讨论，便能找到继续写下去的思路和观点。也要感谢那些提供素材的同学们，每次碰到好的素材，我都会直接私信过去跟他们了解具体情况，同学们都特别愿意与我分享，让我写下去的时候感觉到力量。

　　还要感谢北京市哲学社会科学课题"大数据视野下的大学生学业辅导"课题组的大力支持，感谢各位提供素材和帮助撰写故事的同学们，尤其感谢书稿的初稿完成后杨宁和孙倩倩的阅读。

　　特别感谢知识产权出版社的荆编辑，他对大学生成长话题专业视角的思考、热情的鼓励点燃了我的工作热情，他的专业经验使得该书的很多内容得以优化，在此感谢他为此书付出的宝贵心血。

王静

2019 年 6 月